Die brasilianische Originalausgabe
erschien 1987 unter dem Titel
O Diario De Um Mago
bei Editora Rocco Ltd., Rio de Janeiro, Brasilien

Die Deutsche Bibliothek – CIP-Einheitsaufnahme

Coelho, Paulo:
Das Schwert des Magiers: Zwölf Einweihungen auf dem
Jakobsweg/Paulo Coelho. (Aus dem Brasilianischen übertragen
von Cordula Swoboda Herzog). – München: Erd, 1995
Einheitssacht.: O diario de um mago <dt.>
ISBN 3-8138-0365-1

Umschlaggestaltung: B.K.S., Unterhaching
Aus dem Brasilianischen übertragen von Cordula Swoboda Herzog

ISBN 3-8138-0365-1

Inhalt

Als wir die Wanderschaft begannen, meinte ich, einen meiner größten Jugendträume zu erfüllen. Du verkörpertest für mich den Zauberer D. Juan, und ich lebte die Sage von Castañeda auf der Suche nach dem Außergewöhnlichen.
Aber du widerstandest hartnäckig all meinen Versuchen, dich zu einem Helden zu glorifizieren. Das machte unsere Beziehung sehr schwierig, bis ich erkannte, daß das Außergewöhnliche auf dem Weg der gewöhnlichen Menschen zu finden ist. Heute ist das die wertvollste Erkenntnis meines Lebens; sie erlaubt mir, alles zu erreichen, und sie wird mich immer begleiten.
Wegen dieser Einsicht – die ich nun mit anderen teilen möchte – widme ich dieses Buch dir, Petrus.

Der Autor

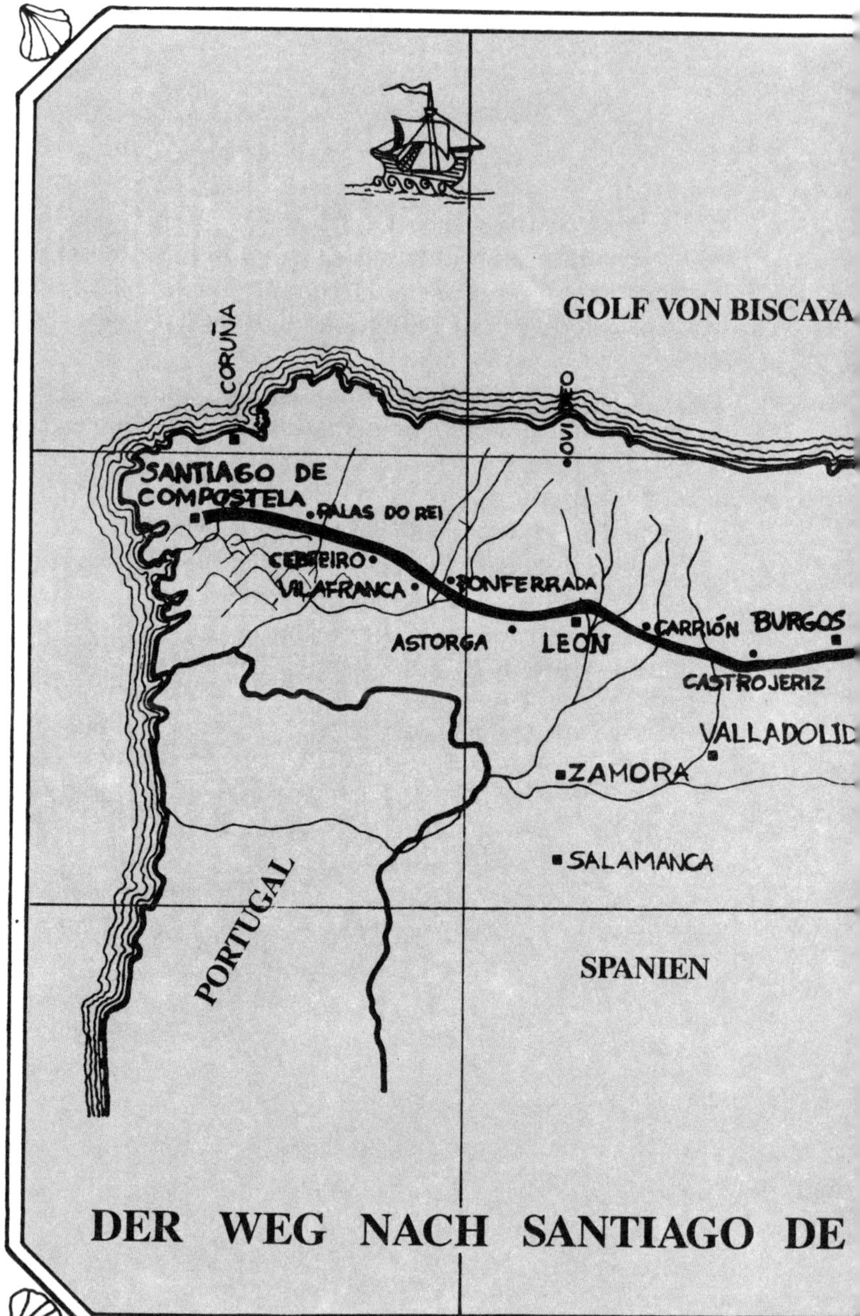
GOLF VON BISCAYA
CORUÑA
SANTIAGO DE COMPOSTELA
PALAS DO REI
CEBREIRO
VILAFRANCA
PONFERRADA
ASTORGA
LEON
CARRIÓN
BURGOS
CASTROJERIZ
VALLADOLID
ZAMORA
SALAMANCA
PORTUGAL
SPANIEN
DER WEG NACH SANTIAGO DE

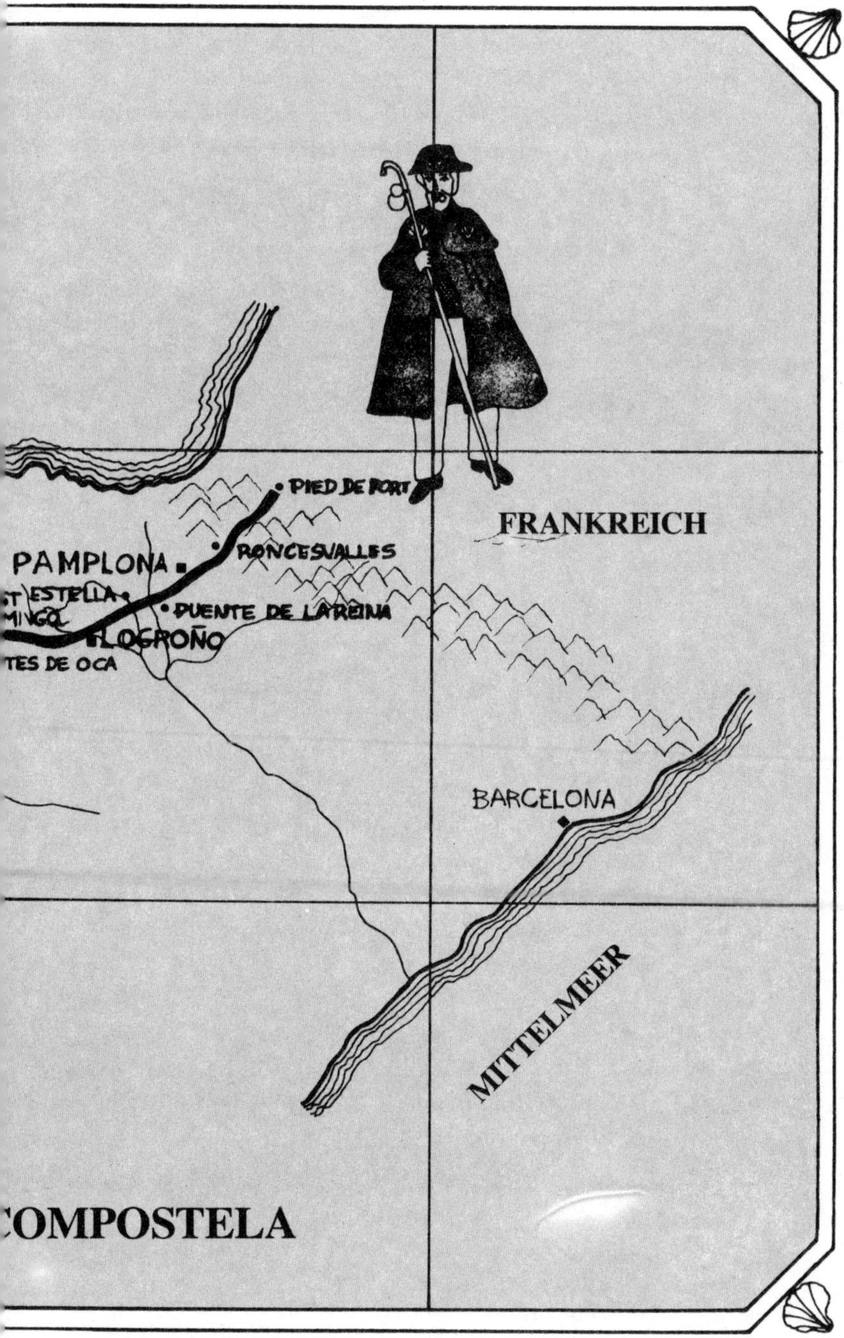
PIED DE PORT
FRANKREICH
PAMPLONA
RONCESVALLES
ESTELLA
PUENTE DE LA REINA
LOGROÑO
TES DE OCA
BARCELONA
MITTELMEER
COMPOSTELA

Prolog

– ». . . daß du, vor dem heiligen Antlitz von RAM, das ›Wort des Lebens‹ mit deinen Händen berührst und so viel Kraft erhältst, das Wort bis in alle Ewigkeit zu offenbaren!«
Der Meister erhob mein neues Schwert über mein Haupt. Die Flammen des Lagerfeuers knisterten – ein gutes Omen dafür, daß das Ritual fortgesetzt würde. Ich kniete nieder und grub mit bloßen Händen ein Loch.
Es war die Nacht vom 2. Januar 1986, und wir befanden uns auf einem Berggipfel im Gebirge der Serra do Mar nahe bei den Agulhas Negras. Außer mir und meinem Meister waren noch meine Frau anwesend, einer meiner Schüler, ein örtlicher Bergführer sowie ein Vertreter der großen Bruderschaft, die sich den esoterischen Geboten auf der ganzen Welt widmet und unter der Bezeichnung Orden der ›Tradition‹ bekannt ist. Alle fünf – einschließlich des Fremdenführers, der zuvor aufgeklärt wurde über das, was sich hier abspielen sollte – nahmen an meiner Einweihung zum »Meister des Ordens von RAM« teil.
Als ich eine flache, längliche Mulde in die Erde gegraben hatte, sprach ich die rituellen Worte. Meine Frau überreichte mir das Schwert, das ich über zehn Jahre lang benützt hatte und das mir bei Hunderten von magischen Operationen beigestanden hatte. Ich legte es in das Erdloch, dann häufte ich Erde darauf und glättete den Erdboden wieder.
Ich erinnerte mich an die Prüfungen, durch die ich gegangen war, an die Dinge, die ich kennengelernt hatte, und an die Phänomene, die ich durch den Besitz dieses alten,

geliebten Schwertes ausgelöst hatte. Jetzt wurde es von der Erde verschlungen, der es zuvor so viel Macht entzogen hatte.
Der Meister näherte sich und legte das neue Schwert vor mich auf die lockere Erde. Dann breiteten alle die Arme aus, und der Meister konzentrierte sich. Ein seltsam bläuliches Licht hüllte uns ein, das die Anwesenden mit einer Aura umgab. Dann zog er sein eigenes Schwert aus der Scheide und berührte damit meine Schultern und meine Stirn, während er sprach: – »Durch die Macht und durch die Liebe von RAM ernenne ich dich zum Meister und Ritter des Ordens bis ans Ende deiner Tage. *R* für ›Regnum‹, *A* für ›Agnus‹, *M* für ›Mundi‹. Laß dein Schwert nie so lange in der Scheide stecken, daß es Rost ansetzt. Aber wenn du es herausnimmst, laß es nicht unbenützt. Stecke es erst zurück, wenn du etwas Gutes damit vollbracht hast, einen Weg eröffnet oder einen Feind geschlagen hast.«
Die Spitze seines Schwertes ritzte leicht meine Stirn. Das war für mich das Zeichen, daß ich nicht länger schweigen mußte. Nun brauchte ich meine Fähigkeiten nicht länger zurückzuhalten noch die Wunder zu verbergen, die ich auf dem Weg der Tradition zu vollbringen gelernt hatte. Ab jetzt war ich ein Magier. Ich streckte die Hände aus, um mein neues glänzendes Schwert mit dem rot-schwarzen Griff und der schwarzen Scheide an mich zu nehmen. Doch als meine Hände die Scheide berührten, kam der Meister einen Schritt näher und trat mit aller Kraft auf meine Finger, so daß ich vor Schmerz aufschrie und das Schwert losließ.
Verständnislos blickte ich zu ihm auf. Das seltsame Licht war verschwunden, und das Gesicht des Meisters wirkte durch den flackernden Schein der Flammen gespenstisch.
Er musterte mich kalt, dann rief er meine Frau und über-

gab ihr das neue Schwert. Danach wandte er sich mir zu und sagte: – »Nimm deine Hand weg, die dich täuscht! Der Weg der Tradition ist nicht der Weg der Auserwählten, sondern ein Weg für alle Menschen! Und die Macht, die du zu besitzen glaubst, ist wertlos, weil du sie nicht mit anderen teilst. Du hättest das Schwert verweigern sollen – erst dann wäre dein Herz demütig genug gewesen, es zu empfangen. Aber wie ich befürchtet habe, warst du im entscheidenden Augenblick zu schwach. Deine Habsucht und dein Stolz zwingen dich, den Weg zu deinem Schwert fortzusetzen. Du wirst deinen Hochmut bezähmen und deine Suche bei den einfachen Menschen beginnen. Du bist stolz auf deine Fähigkeiten, und diese Regung verstellt dir den Zugang zu den großen Gaben, die dir so großzügig dargeboten wurden. Für dich beginnt ein großer Kampf.«
Eine Welt brach für mich zusammen. Ich verharrte wie betäubt auf den Knien und konnte keinen klaren Gedanken fassen. Ich hatte mein altes Schwert der Erde zurückgegeben und konnte es ihr nicht wieder entreißen. Das neue Schwert war mir verweigert worden, und ich befand mich unvermittelt ganz am Anfang – ohne Macht und ohne Schutz. Die Kraft des Meisters zwang mich, in die Welt des Hasses und des Irdischen zurückzukehren.
Der Führer löschte das Feuer, und meine Frau half mir auf die Füße. Sie hatte mein neues Schwert in der Hand, aber die Gebote der Tradition verwehrten mir, es ohne die Erlaubnis meines Meisters zu berühren. Schweigend stiegen wir durch das Gestrüpp bergab, bis wir zu dem schmalen Feldweg kamen, auf dem unsere Autos abgestellt waren.
– »Mach dir keine Sorgen«, tröstete mich meine Frau. – »Ich bin sicher, daß du es zurückerobern wirst.«
Ich fragte sie, ob ihr der Meister eine Botschaft mit auf den Weg gegeben hatte.

– »Drei Dinge sagte er. Erstens, daß er seine Jacke hätte mitnehmen sollen, weil es dort oben doch kälter war, als er vermutet hatte. Zweitens, daß ihn der Ausgang der Zeremonie nicht überraschte, weil auch schon andere, die genausoweit gekommen waren wie du, sich im letzten Moment als unwürdig erwiesen hätten. Und drittens verkündete er, daß dein Schwert zu einer bestimmten Stunde an dem dafür vorgesehenen Tag an einer festgelegten Stelle auf dich warten würde. Der Weg, den du zu gehen hast, führt dich zu deinem Schwert. Ich kenne weder das Datum noch die Stunde. Er nannte mir lediglich den Ort, an dem ich es verstecken soll.«
– »Und welches ist der Weg?« fragte ich sie erregt.
– »Das hat er nicht preisgegeben. Er hat nur darauf hingewiesen, daß du auf der Landkarte von Spanien eine mittelalterliche Pilgerroute herausfinden solltest, bekannt als der ›Weg der großen Sehnsucht‹ oder ›Jakobsweg‹.«

Die Ankunft

Der Zollbeamte musterte das Schwert eingehend, das meine Frau bei sich trug, und fragte, was sie damit vorhätte. Ich antwortete, daß wir es bei einem Freund für eine Versteigerung schätzen lassen wollten. Die Notlüge tat ihre Wirkung. Der Beamte stellte uns eine Erklärung aus, daß wir das Schwert am Flughafen von Bajadas eingeführt hätten. Falls bei der Ausreise Schwierigkeiten entstünden, könnten wir das Dokument am Zoll vorlegen. Wir mieteten uns zwei Autos, und bevor wir uns trennten, aßen wir eine Kleinigkeit im Flughafenrestaurant.

Ich hatte eine schlaflose Nacht hinter mir – die Furcht vor dem Fliegen und die Angst vor der Ungewißheit hatte mich nicht zur Ruhe kommen lassen –, dennoch fühlte ich mich seltsam erregt und hellwach.

– »Mach dir keine Sorgen«, sagte meine Frau zum hundertsten Mal. – »Du mußt nach Frankreich gehen, und in San Juan Pied-de-Port eine Madame Debrill aufsuchen. Sie wird dich mit jemandem bekannt machen, der dich auf den Pilgerweg nach Santiago führt.«

– »Und du?« fragte auch ich zum hundertsten Mal, obwohl ich die Antwort längst kannte.

– »Ich gehe an den festgesetzten Ort, um das zurückzulassen, was mir anvertraut wurde. Bevor ich nach Brasilien zurückfliege, bleibe ich noch ein paar Tage in Madrid. Ich kann unsere Angelegenheiten genauso gut erledigen wie du.«

– »Das weiß ich«, entgegnete ich kurz, um das Thema nicht zu vertiefen. Ich machte mir große Sorgen um meine geschäftlichen Verpflichtungen in Brasilien. In den

fünfzehn Tagen nach der Zeremonie in der Serra do Mar hatte ich einiges über den Pilgerweg von Santiago erfahren, aber es dauerte noch sieben Monate, bis ich mich entschließen konnte, alles andere liegenzulassen und die Reise anzutreten. Erst als mich meine Frau eines Morgens darauf aufmerksam machte, daß sich das festgesetzte Datum näherte und ich mich entscheiden mußte, um die Magie und den Orden von RAM nicht für immer zu verlieren, befaßte ich mich mit dem Problem. Ich versuchte, ihr klarzumachen, daß mich der Meister vor eine unlösbare Aufgabe gestellt hatte. Ich konnte meine beruflichen Belange nicht ohne weiteres im Stich lassen. Meine Frau lachte nur und meinte, das wäre eine faule Ausrede, denn in den vergangenen sieben Monaten hätte ich wenig vollbracht, weil ich mich Tag und Nacht mit dem Gedanken an die Reise beschäftigt hätte. Mit größter Selbstverständlichkeit hielt sie mir die komplett ausgestellten Flugtickets entgegen.
– »Nur weil du es entschieden hast, sind wir hier«, sagte ich im Flughafenlokal. – »Ich weiß nicht, ob es richtig ist, daß ich den Entschluß, mein Schwert zu holen, nicht selbst gefaßt habe.«
Meine Frau schlug vor, daß wir uns verabschieden sollten, bevor wir erneut über den Gang der Dinge diskutierten.
– »Du würdest es nie zulassen, daß ein anderer Mensch die Entscheidungen für dich trifft, wenn du nicht selbst einverstanden wärst. Laß uns aufbrechen, es wird sonst zu spät.«
Sie erhob sich, nahm ihr Gepäck und ging zum Ausgang. Ich rührte mich nicht von der Stelle. Ich blieb sitzen und beobachtete, daß sie mein Schwert widerwillig unter den Arm schob, so daß es jeden Moment zu Boden zu gleiten drohte.
Auf halbem Weg drehte sie sich plötzlich um und kam an unseren Tisch zurück, gab mir einen Kuß und sah mich lange schweigend an. Plötzlich wurde mir richtig bewußt,

daß ich mich in Spanien befand und daß es kein Zurück mehr gab. Der erste Schritt war getan, aber es gab noch so viele Ungewißheiten. Ich hatte Angst, daß mir mein Vorhaben nicht gelingen würde. Ich umarmte meine Frau, und in dieser Umarmung drückte ich all die Zärtlichkeit und die Liebe, die ich in diesem Augenblick empfand, aus. Während sie sich an mich schmiegte, betete ich inbrünstig zu allen guten Geistern, daß sie mir die Kraft verleihen mögen, mit meiner Frau und dem Schwert zurückzukehren.

– »Hast du das schöne Schwert gesehen?« bemerkte eine weibliche Stimme am Nebentisch, nachdem meine Frau gegangen war.

– »Wenn du willst, kaufe ich dir das gleiche«, entgegnete eine Männerstimme. – »Die Touristenläden hier in Spanien sind voll davon.«

Nach einer Stunde Fahrt übermannte mich der Schlaf, der mich in der vergangenen Nacht gemieden hatte. Die Augustsonne brannte so stark zu dieser Mittagszeit, daß das Auto einem Brutkasten glich. Ich beschloß, in einer Ortschaft Rast zu machen, die auf den Straßenplakaten als Sehenswürdigkeit angekündigt wurde. Als ich den steilen Hang hinauffuhr, rekapitulierte ich noch einmal alles, was ich über den Jakobsweg gelesen hatte.

So wie die moslemische Tradition vorschreibt, daß jeder Gläubige zumindest einmal in seinem Leben den von Mohammed beschrittenen Weg zwischen Mekka nach Medina zurücklegen sollte, kannte das erste christliche Jahrtausend drei heilige Routen, die demjenigen, der sie bezwang, eine Reihe von Segnungen und Ablässen versprachen. Der erste Weg führte zum Grab des heiligen Petrus in Rom. Die Reisenden trugen als Symbol ein Kreuz und nannten sich Wallfahrer. Die zweite Route brachte den Gläubigen zu der heiligen Grabstätte von Jesus Christus in Jerusalem, und die Pilger trugen ein Palmenblatt als Symbol für die Palmenblätter, mit denen Jesus bei seinem Einzug in diese Stadt begrüßt worden war. Der dritte Weg führte zu den Gebeinen des Apostels Jakobus, der an einem Ort auf der iberischen Halbinsel begraben liegt, an dem ein Hirte eines Nachts einen hellen Stern, der alle anderen überstrahlte, über dem Feld sah. Es heißt, daß nicht nur der heilige Jakobus, sondern auch die heilige Jungfrau Maria nach dem Tode Jesu dort gewesen sei, um die Heilsbotschaft zu verkünden und die Völker zu bekehren. Der Ort erhielt den Namen ›Compostela‹ – ›Sternenfeld‹. Compostela entwickelte sich zu einer kleinen Stadt, die Anziehungspunkt für Gläubige aus der ganzen christlichen Welt wurde. Sie nannten sich Pilger und trugen eine Muschel als Symbol.

Im vierzehnten Jahrhundert wurde der Weg – auch ›Milchstraße‹ genannt, weil man sich des Nachts nach den Gestirnen orientierte – von jährlich über einer Million Pilger aus allen Ländern Europas bewandert. Noch heute legen viele Mystiker, Fromme sowie Wissenschaftler die siebenhundert Kilometer, welche die französische Stadt San Juan Pied-de-Port von der dem hl. Jakob geweihten Kathedrale in Santiago trennen, zu Fuß zurück.

Im zwölften Jahrhundert nutzte die spanische Nation die Mystik des heiligen Jakobus für ihren Kampf gegen die Mauren, die die Halbinsel erobert hatten. Verschiedene Ritterorden wurden entlang des Pilgerwegs gegründet, und die Asche des Apostels galt als mächtiges Amulett bei der Bekämpfung der Moslems. Nach der Befreiung waren die Ritter so mächtig, daß sie eine Bedrohung für den Staat und die Aristokratie darstellten. Die katholischen Könige verboten alle Orden, und der Pilgerweg fiel nach und nach der Vergessenheit anheim.

Die Ortschaft, in die ich fuhr, schien völlig verlassen. Nach langem Suchen fand ich endlich eine kleine Taverne in einem mittelalterlichen Haus. Der Wirt – der den Blick nicht vom Fernsehschirm wandte – machte mich darauf aufmerksam, daß Siesta-Zeit sei und daß ich verrückt sein müsse, mich bei dieser Hitze im Freien aufzuhalten. Ich bat um ein Erfrischungsgetränk und starrte auf den Fernseher, aber ich konnte mich nicht konzentrieren. Ich dachte unentwegt daran, daß mir mitten im 20. Jahrhundert eines jener Abenteuer bevorstand, von denen die Geschichten von Odysseus, Dante, Don Quixote, Kolumbus und anderen berichten – die Reise ins große Unbekannte.

Als ich weiterfuhr, war ich schon viel ruhiger. Selbst wenn ich mein Schwert nicht finden sollte, so würde diese Wanderung auf dem Pilgerweg von Santiago sicher dazu beitragen, zu mir selbst zu finden.

San Juan Pied-de-Port

Ein Festzug mit maskierten Menschen und einer Musikkapelle – alle in Rot, Grün und Weiß, den Farben des französischen Basken-Landes – bewegte sich durch die Hauptstraße von San Juan Pied-de-Port. Es war Sonntag, und ich hatte zwei Tage gebraucht, um in diesen Ort zu gelangen. Ich durfte keine weitere Zeit verlieren. Ich bahnte mir einen Weg durch die Menschenmenge, hörte einige Verwünschungen auf französisch, aber ich erreichte endlich die Festungsmauer, die den alten Stadtkern umgab. Hier sollte ich Madame Debrill finden. Selbst an diesem hochgelegenen Ort in den Pyrenäen war es tagsüber so heiß, daß ich schweißgebadet aus dem Wagen stieg.

Ich fand Madame Debrills Haus und klopfte an die Tür. Einige Zeit später klopfte ich ein zweites und drittes Mal, aber niemand öffnete. Besorgt setzte ich mich auf die Türschwelle. Meine Frau hatte mir den Tag, der für das Treffen festgesetzt war, genannt, und heute war dieser Tag. Vielleicht war Madame Debrill ausgegangen, um den Festzug zu sehen, überlegte ich. Aber es bestand auch die Möglichkeit, daß ich zu spät gekommen war und sie sich entschlossen hatte, mich nicht mehr zu empfangen. Dann war die Wanderschaft nach Santiago zu Ende, noch bevor sie begonnen hatte.

Plötzlich öffnete sich die Tür, und ein Kind lief auf die Straße. Ich sprang auf und fragte in meinem mangelhaften Französisch nach Madame Debrill. Die Kleine lachte und deutete nach innen. Erst jetzt bemerkte ich meinen Irrtum: Die Tür führte zu einem weiten Innenhof, ge-

säumt von alten Häusern mit mittelalterlichen Balkonen. Die Tür war unverschlossen, und ich hatte nicht mal gewagt, die Klinke zu drücken.
Eilig ging ich hinein und zu dem Häuschen, das mir das Kind gezeigt hatte. Eine alte, dicke Frau schrie in Baskisch einen zierlichen Burschen mit traurigen Augen an, bis er unter einer Flut von Verwünschungen in die Küche floh. Erst dann wandte sie sich mir zu, und ohne zu fragen, was ich wollte, schob sie mich vor sich her die Treppe hinauf und in ein Büro, das mit Büchern, Statuen des heiligen Jakobus und Erinnerungen an den Pilgerweg vollgestopft war. Sie nahm ein Buch aus dem Regal und setzte sich auf den einzigen Stuhl hinter den Schreibtisch.
– »Du willst auch nach Santiago pilgern«, begann sie ohne Umschweife. – »Ich muß alle Namen derer notieren, die den Weg machen.«
Ich nannte meinen Namen, und sie wollte wissen, ob ich die ›Vieiras‹ dabei hätte; so wurden die großen Muscheln gekannt, die zum Grab des Apostels mitgenommen wurden und als Erkennungszeichen der Pilger dienten. Bevor ich nach Spanien gekommen war, hatte ich den Wallfahrtsort Aparecida do Norte in Brasilien besucht. Dort hatte ich eine auf drei Muscheln montierte Figur der heiligen Aparecida, der ›Erschienenen‹, erstanden. Ich kramte es aus dem Rucksack und überreichte es Madame Debrill.
– »Schön aber unpraktisch«, meinte sie lakonisch und gab es mir zurück. – »Das kann auf dem Weg zerbrechen.« – »Ich passe auf und werde es auf das Grab des Apostels legen.«
Madame Debrill erweckte den Eindruck, als hätte sie wenig Zeit für mich. Sie drückte einen Stempel auf einen kleinen Ausweis, um anzuzeigen, wo meine Wanderschaft begonnen hatte, und überreichte ihn mir. Dieser Ausweis verschaffte mir Zutritt zu den Klöstern, die auf

meinem Weg lagen und in denen ich Unterkunft und Verpflegung finden konnte. Dann entließ sie mich mit Gottes Segen. – »Aber wo bleibt mein Führer?« fragte ich. – »Was für ein Führer?« fragte sie zurück, und ihre Augen bekamen einen neuen Glanz.

Erst jetzt bemerkte ich, daß ich in der Eile das Losungswort vergessen hatte – ein altes Wort, das mich als Zugehörigen des Ordens der Tradition identifizierte. Sogleich korrigierte ich dieses Versäumnis und nannte das Wort. Madame Debrill nahm mir mit einer raschen Bewegung den Ausweis aus der Hand, den sie mir gerade ausgehändigt hatte.

– »Das wirst du nicht benötigen«, bemerkte sie, während sie einen Stapel alter Zeitungen von einer Truhe nahm. – »Deine Route und deine Schlafstätten hängen allein von den Entscheidungen deines Führers ab.«

Die Alte kramte einen Hut und einen Umhang aus der Truhe. Es schienen sehr alte Kleidungsstücke zu sein, aber sie waren gut erhalten. Ich mußte mich in die Mitte des Raumes stellen, während sie zu beten begann. Dann setzte sie mir den Hut auf und legte den Mantel um meine Schultern. Am Hut und an den Schultern des Umhangs waren Pilgermuscheln befestigt. Ohne das Gebet zu unterbrechen, holte Madame Debrill einen Stab aus einer Ecke des Büros und gab ihn mir in die rechte Hand.

Dann kam sie ganz nah an mich heran und hielt die flachen Hände über meinen Kopf. Mit ausdrucksloser Stimme murmelte sie: – »Der Apostel Jakobus möge dich begleiten und dir das zeigen, was dir wichtig ist; mögest du weder zu schnell noch zu langsam gehen, sondern immer im Einklang mit den Naturgesetzen des Weges bleiben. Schwöre bedingungslosen Gehorsam, auch wenn dir eine gefährliche oder unvernünftige Aufgabe gestellt wird.«

– »Ich schwöre.«

– »Der Geist der alten Pilger der Tradition möge dich auf deinem Weg begleiten. Der Hut beschütze dich gegen die Sonne und die schlechten Gedanken; der Umhang beschütze dich gegen Regen und böse Worte; der Stab beschütze dich gegen die Feinde und die niederträchtigen Werke. Der Segen Gottes, Santiagos und der Jungfrau Maria seien mit dir bei Tag und bei Nacht. Amen.«
Madame Debrills Gesichtsausdruck wurde wieder grimmig und mit ungeduldiger Geste nahm sie mir die Kleidungsstücke ab und verstaute sie in der Truhe, den Stock stellte sie in die Ecke. Nachdem sie mir die Losungsworte genannt hatte, riet sie mir, sofort aufzubrechen, da mein Führer etwa zwei Kilometer von San Juan Pied-de-Port auf mich wartete.
– »Er mag keine Musikkapellen«, erklärte sie. – »Aber selbst auf zwei Kilometer Entfernung muß er sie hören – die Pyrenäen sind ein wunderbarer Resonanzboden.«
Ohne einen weiteren Kommentar stieg sie die Treppe hinab und ging in die Küche, um den Jüngling mit den traurigen Augen weiter zu schikanieren. Beim Hinausgehen fragte ich noch, was mit dem Wagen geschehen würde, und sie bat mich, ihr die Schlüssel zu überlassen. Der Wagen sollte hier abgeholt werden. Ich nahm meinen kleinen Rucksack, an dem ein Schlafsack befestigt war, aus dem Kofferraum, verstaute die Muschel mit dem Bildnis der heiligen Aparecida in einer Seitentasche und übergab Madame Debrill die Autoschlüssel.
– »Diese Straße führt direkt zum Tor am Ende der Festungsmauer«, erklärte sie. – »Wenn du in Santiago de Compostela ankommst, bete ein Ave Maria für mich. Sag dem Heiligen, daß ich diesen Weg schon oft zurückgelegt habe, inzwischen aber zu alt dafür bin. Sag ihm auch, daß ich bald auf einem anderen Weg, der weniger anstrengend ist, zu ihm kommen werde.«
Ich verließ die Stadt durch das Festungstor ›Porte

d'Espagne‹. In der Vergangenheit waren die römischen Eroberer und auch die Heere von Karl dem Großen und Napoleon hier durchgezogen. Ich hörte von weitem die Musikkapelle, als mich plötzlich bei den Ruinen eines Dorfes in der Nähe von San Juan eine überwältigende Erkenntnis traf – in den Ruinen wurde mir erstmals bewußt, daß ich mich auf dem ›Weg der großen Sehnsucht‹ befand.

Ohne anzuhalten, zog ich mein T-Shirt aus und verstaute es im Rucksack. Nach etwa vierzig Minuten erreichte ich die von Madame Debrill angegebene Stelle. Neben einem Brunnen saß ein etwa fünfzigjähriger schwarzhaariger Mann auf dem Boden und suchte etwas in seinem Rucksack.

– »Ola«, sagte ich mit der gleichen Schüchternheit, die mich immer befiel, wenn ich jemanden kennenlernte.

– »Du erwartest mich vermutlich. Mein Name ist Paul.«

Der Mann ließ den Rucksack los und musterte mich von oben bis unten. Sein Blick war abweisend, aber er schien von meiner Ankunft nicht überrascht zu sein. In diesem Moment überfiel mich das vage Gefühl, ihn zu kennen.

– »Ja, ich habe dich erwartet, aber ich habe nicht damit gerechnet, dir so früh zu begegnen. Was willst du?«

Diese Frage verwirrte mich, und ich erklärte ihm, daß er mich auf der ›Milchstraße‹ zu meinem Schwert führen sollte.

– »Es ist gar nicht nötig, daß du den langen Weg gehst«, meinte der Mann. – »Wenn du willst, suche ich das Schwert für dich. Entscheide dich aber gleich.«

Diese Unterhaltung kam mir merkwürdig vor, aber ich hatte Gehorsam geschworen und äußerte mich deshalb nicht dazu. Ich dachte darüber nach, was ich anworten sollte. Wenn er an meiner Stelle das Schwert suchen wollte, könnte ich zu meinen Geschäften nach Brasilien zurückkehren. Ebensogut konnte sein Vorschlag eine Prüfung sein. Aber irgend etwas mußte ich antworten.

Ich entschloß mich, zuzustimmen.
In diesem Moment hörte ich hinter mir eine Stimme, die mit einem erbärmlichen Akzent in Spanisch sagte:
– »Man muß den Berg nicht erklimmen, um festzustellen, ob er hoch ist.«
Das waren die Losungsworte! Ich wirbelte herum, und ein etwa vierzigjähriger Mann in beigen Bermudashorts und einem verschwitzten weißen T-Shirt stand mir gegenüber. Der Mann betrachtete den Schwarzhaarigen eindringlich. Er hatte graues Haar und sonnengebräunte Haut. Wieder hatte ich die grundlegenden Schutzmaßnahmen vergessen und mich einem völlig Fremden ausgeliefert.
– »Das Boot ist im Hafen sicherer; aber nicht dafür wurde es erbaut.« Das war die korrekte Antwort auf das Losungswort. Der Mann ließ den Schwarzhaarigen nicht aus den Augen, sie starrten sich einige Minuten wortlos an, bis der Schwarzhaarige den Rucksack auf den Boden stellte und sich mit einem verächtlichen Lächeln in Richtung San Juan Pied-de-Port davonmachte.
– »Mein Name ist Petrus«, sagte der Neuankömmling, nachdem der Schwarzhaarige hinter einem Felsen verschwunden war. – »Du solltest vorsichtiger sein.«
Seine Stimme klang freundlicher als die des Schwarzhaarigen und selbst die von Madame Debrill. Er hob den Rucksack vom Boden auf, und ich sah, daß auf der Rückseite eine Muschel abgebildet war. Er entnahm ihm eine Flasche Wein, trank einen Schluck und reichte sie mir weiter. Nachdem ich getrunken hatte, fragte ich ihn, wer der Schwarzhaarige gewesen war.
– »Dieses ist ein Grenzweg, den Schmuggler und entflohene Terroristen aus dem spanischen Baskenland oft benutzen. Die Polizei kommt kaum hierher.«
– »Du hast mir nicht geantwortet. Ihr habt euch angesehen, als ob ihr alte Bekannte wärt. Und auch ich hatte das

Gefühl, ihn zu kennen, und deshalb war ich so vertrauensselig.«
Petrus lächelte und forderte mich zum Weitergehen auf. Ich nahm meine Sachen, und wir machten uns auf den Weg. Sein Lächeln verriet mir, daß er das gleiche dachte wie ich: Wir waren einem ›Dämon‹ begegnet.
Wir wanderten einige Zeit schweigend weiter. Madame Debrill hatte recht gehabt – selbst in zwei Kilometer Entfernung konnte man immer noch die Musikkapelle hören, die ununterbrochen spielte. Ich wollte Petrus so viele Fragen stellen – über sein Leben, seine Arbeit und was ihn hierhergebracht hatte. Aber ich wußte, daß wir noch siebenhundert Kilometer gemeinsam wandern würden, und zur rechten Zeit würde es auf alle Fragen eine Antwort geben. Aber der Schwarzhaarige ging mir nicht mehr aus dem Sinn. Ich unterbrach die Stille mit der Bemerkung: – »Petrus, ich glaube, daß der Mann ein Dämon war.«
– »Ja, er war der Dämon.«
Als er meine Vermutung bestätigte, fühlte ich mich seltsam erleichtert. – »Aber es handelt sich nicht um den Dämon, den du aus der Tradition kennst?« fragte ich.
In der Tradition ist der Dämon weder gut noch böse; er ist Hüter der meisten Geheimnisse, die dem Menschen zugänglich sind, und hat Macht über alle materiellen Dinge. Da er ein gefallener Engel ist, identifiziert er sich mit den Menschen und ist immer zu Bündnissen bereit. Ich wollte wissen, wie sich der Schwarzhaarige von den Dämonen der Tradition unterschied.
– »Wir werden auf dem Weg noch mehr Dämonen antreffen«, sagte Petrus lachend. – »Du wirst es selbst herausfinden. Wenn du an dein Gespräch mit dem Schwarzhaarigen denkst, kannst du vielleicht erahnen, was er im Sinn hatte.«
Ich rief mir die wenigen Sätze, die wir ausgetauscht hat-

ten, ins Gedächtnis. Er hatte gesagt, daß er mich erwartet habe und daß er das Schwert für mich finden wolle. Petrus meinte, daß diese beiden Sätze sehr wohl von einem Dieb stammen könnten, der beim Diebstahl eines Rucksacks überrascht wurde und Zeit gewinnen wollte, um einen Fluchtplan zu schmieden. Andererseits könnten die Sätze auch einen tieferen Sinn haben.

– »Welche der beiden Versionen kommt der Wahrheit am nächsten?«

– »Beide. Während der Dieb sich verteidigte, sprach er instinktiv die richtigen Worte aus, die er dir sagen mußte. Wenn er geflüchtet wäre, als ich auftauchte, würde sich unser Gespräch erübrigen. Aber er fixierte mich, und ich las in seinen Augen den Namen eines Dämons, der uns auf dem Weg begegnen wird.«

Für Petrus war diese Begegnung also ein günstiges Vorzeichen, weil sich der Dämon angekündigt hatte.

– »Kümmere dich nicht mehr darum. Wie ich schon sagte, werden wir noch anderen Dämonen begegnen.«

Wir gingen weiter. Wir verließen die karge und trockene Landschaft und kamen in ein Gebiet, in dem kleine Bäume wuchsen. Es war wohl wirklich am besten, Petrus' Rat zu befolgen und die Dinge einfach geschehen zu lassen. Ab und zu erzählte er mir von geschichtlichen Ereignissen, die an Orten, durch die wir kamen, stattgefunden hatten. Ich sah das Haus, in dem eine Königin am Tag vor ihrem Tod übernachtet hatte, und eine kleine in den Felsen gebaute Kapelle, in der ein Heiliger wohnte, der angeblich Wunder vollbringen konnte.

– »Wunder sind sehr wichtig, findest du nicht?« bemerkte Petrus.

Ich stimmte ihm zu, obwohl ich selber noch nie ein großes Wunder bewirkt hatte. Meine Fähigkeiten, die ich in der Tradition erworben hatte, bezogen sich überwiegend auf die intellektuelle Ebene. Ich war jedoch fest davon über-

zeugt, daß ich zu gewaltigen Dingen fähig sein würde, wenn ich mein Schwert gefunden hatte.
– »Meistens handelt es sich nicht wirklich um Wunder«, erklärte ich, »weil sie nicht die Naturgesetze außer Kraft setzen. Mein Meister nutzte diese Naturkräfte…«
Ich konnte den Satz nicht beenden, weil ich keine Erklärung dafür fand, warum mein Meister Geistwesen materialisierte, Gegenstände versetzte oder, wie ich mehrfach beobachten konnte, Wolken vom Himmel vertrieb.
– »Vielleicht macht er das, um dich zu überzeugen, daß er die Weisheit und die Macht besitzt«, vermutete Petrus.
– »Das ist möglich«, entgegnete ich wenig überzeugt.
– »Dein Meister hat dir das Schwert verwehrt«, stellte Petrus fest, – »weil du den Grund, warum er Wunderdinge tut, nicht erkennst. Du hast vergessen, daß der Weg der Weisheit für alle offen ist, auch für die einfachen Menschen. Auf unserer Wanderschaft werde ich dir einige Übungen und Rituale beibringen, die unter der Bezeichnung *die Anwendungen von RAM* bekannt sind. Jeder hat in irgendeinem Augenblick seines Lebens schon zu mindestens einer davon Zugang gehabt. Die Lektionen, die uns das Leben erteilt, können dem nützen, der sie mit Ausdauer sucht. Die Anwendungen von RAM sind so simpel, daß ein kluger Mann wie du, der alles zu komplizieren versucht, ihnen keinerlei Bedeutung beimißt. Aber wenn man die Übungen versteht und erweitert, kann man alles erreichen, was man sich wünscht. Jesus dankte seinem himmlischen Vater, als seine Jünger Wunder und Heilungen vollbrachten, und er lobpreiste ihn, weil er diese Dinge nicht den Gelehrten, sondern den einfachen Fischern offenbart hatte. Wer an Gott glaubt, der weiß, daß er gerecht ist.«
Petrus hatte recht. Warum sollten nur die Gebildeten, mit Zeit und Geld für teure Bücher, Zugang zu der göttlichen Weisheit haben?

– »Der wahre Weisheitsweg wird durch drei Dinge definiert«, sagte Petrus. – »Zuerst muß ›Agape‹ vorhanden sein, aber zu dieser Liebe komme ich später; dann muß er eine praktische Anwendung in deinem Leben finden, sonst nützt die ganze Weisheit nichts. Schlußendlich muß es ein Weg sein, den jeder beschreiten kann. Wie der Weg der großen Sehnsucht.«
Wir wanderten bis die Sonne hinter den Bergen verschwand. Erst dann entschloß sich Petrus, Rast zu machen.
Er bat mich, ein Stück des Bodens zu säubern und dann niederzuknien.
– »Die erste Anwendung von RAM ist das Erleben der eigenen Geburt. Du mußt diese Übung sieben Tage hintereinander ausführen und versuchen, deinen ersten Kontakt zur Welt neu zu erleben. Du weißt selbst, wie schwer es war, alles zurückzulassen, um hierherzukommen und dein Schwert zu suchen, aber diese Schwierigkeit existiert nur deshalb, weil du an der Vergangenheit festhältst. Du kennst die Niederlagen und hast Angst vor Rückschlägen; du hast etwas erreicht und befürchtest, es wieder zu verlieren. Aber dein Wunsch, das Schwert zu finden, war größer, und du bist das Risiko eingegangen.«
Ich nickte und gestand, daß ich meine Ängste noch nicht überwunden hatte.
– »Das macht nichts. Die Übung wird dich langsam von den Fesseln befreien, die du dir selbst angelegt hast.«
Und Petrus lehrte mich die erste Lektion von RAM: Die *Samen-Übung.*
– »Und nun probiere es«, forderte er mich auf.
Ich legte meinen Kopf auf die Knie, atmete tief durch und entspannte mich. Mein Körper gehorchte bereitwillig, vielleicht weil ich nach dem langen Tagesmarsch erschöpft war. Ich lauschte auf die Geräusche der Erde, und langsam verwandelte ich mich in das Samenkorn. Meine

Gedanken waren ausgeschaltet. Um mich herum war alles dunkel, und ich ruhte im Schoß der Erde. Plötzlich spürte ich eine Regung in mir. Ein kleiner Teil von mir wollte erwachen und drängte mich, aus der Dunkelheit zu kommen und dem Licht entgegenzustreben. Etwas zwang mich, meine Finger zu bewegen und die Arme in die Höhe zu strecken – aber es waren weder Finger noch Arme, sondern ein kleiner Sprößling, der an die Erdoberfläche drängte. Ich fühlte, wie der Körper den Bewegungen der Arme folgte. Jede Sekunde dauerte eine Ewigkeit, aber der Keimling drängte ans Licht. Ich mußte gegen die Kraft ankämpfen, die mich im Schoß der Erde, in dem ich vorher ruhig meinen ewigen Schlaf gehalten hatte, festhalten wollte. Aber ich bezwang diese Macht und stand plötzlich aufrecht. Ich hatte die Erde bezwungen und befand mich nun im vollen Licht. Ich spürte die Wärme und hörte das Summen der Mücken und das Plätschern eines Baches. Ich hatte die Augen geschlossen und befürchtete, das Gleichgewicht zu verlieren, aber ich wuchs weiter. Meine Arme öffneten sich und mein Körper streckte sich der Sonne entgegen. Meine Arme reckten sich immer höher, und ich fühlte, daß ich tausend Meter hochragte und viele Berge umarmen konnte. Der Körper dehnte sich immer weiter aus, bis der Muskelschmerz so stark wurde, daß ich es nicht mehr ertragen konnte.

Ich öffnete die Augen, und Petrus stand vor mir. Die Dämmerung hatte noch nicht eingesetzt, aber es überraschte mich, daß die Sonne nicht mehr schien, wie ich es mir eingebildet hatte. Ich fragte Petrus, ob ich meine Empfindungen beschreiben sollte, aber er lehnte ab.

– »Das sind sehr persönliche Wahrnehmungen, die nur dir gehören. Wie sollte ich sie bewerten?«

Petrus sagte, daß wir unser Nachtlager hier aufschlagen würden. Wir entfachten ein kleines Lagerfeuer, tranken den Rest des Weines, und ich belegte ein paar Brote mit

Gänseleberpastete, die ich mitgebracht hatte. Petrus ging zum nahe gelegenen Bach und fing ein paar Fische, die er im Feuer briet. Dann krochen wir in unsere Schlafsäcke und legten uns hin.
Diese erste Nacht auf dem Jakobsweg werde ich nie vergessen. Trotz des Sommers war es ziemlich kühl. Ich betrachtete den Himmel und entdeckte die Milchstraße, die mir auf dem unendlichen Weg die Richtung wies, direkt über mir. Früher hätte mir diese unermeßliche Weite Angst eingeflößt, und ich hätte befürchtet, für mein Vorhaben zu unbedeutend und klein zu sein. Aber heute war ich ein Samenkorn und bin aufs neue zur Welt gekommen. Ich hatte entdeckt, daß das Leben in der Ewigkeit – trotz aller Annehmlichkeiten der Erde – gewaltig und wundervoll ist, und daß ich den Augenblick der Geburt beliebig oft erleben kann. Ich bin in der Lage, über mich hinauszuwachsen und die ganze Welt zu umarmen.

Die Samen-Übung

Knie dich auf den Boden und setz dich auf die Fersen. Beuge den Oberkörper, bis der Kopf die Knie berührt. Strecke deine Arme nach hinten aus. Nun bist du in der Fötus-Haltung. Entspanne dich und laß alle Gedanken los. Atme ruhig und tief. Du spürst, daß du kleiner wirst und dich veränderst, bis du dich wie ein kleines Samenkorn fühlst, das von Erde umgeben ist. Deine Umgebung ist warm und angenehm. Plötzlich bewegt sich ein Finger. Der Keimling drängt ans Licht. Langsam bewegst du die Arme, dein Körper richtet sich auf, bis du auf den Fersen sitzt. Jetzt erhebst du dich langsam auf die Knie. Während dieser ganzen Zeit stellst du dir vor, ein keimender Samen zu sein. Du spürst, wie der Sprößling die Erde durchdringt.

Der Augenblick des kompletten Durchbruchs ist gekommen. Langsam erhebst du dich, stellst erst den einen dann den anderen Fuß auf den Boden und kämpfst dabei um das Gleichgewicht wie ein Sproß, der in einer sanften Brise schwankt. Du stehst aufrecht. Du hörst die Geräusche der Natur, spürst die Sonne und das Wasser und fühlst den Wind. Du bist ein Keimling, der zu wachsen beginnt. Erhebe langsam die Arme gegen den Himmel. Dein Körper dehnt sich immer mehr aus und strebt der strahlenden Sonne entgegen. Sie gibt dir Kraft. Dein Körper wird immer starrer, deine Muskeln spannen sich, während du immer weiter wächst, bis die Spannung unerträglich wird. Schrei, wenn dir danach zumute ist, und öffne die Augen.

Wiederhole diese Übung sieben Tage hintereinander immer zur gleichen Zeit.

Der Schöpfer und das Geschöpf

Sechs Tage zogen wir durch die Pyrenäen, kletterten auf hohe Gipfel und stiegen in tiefe Täler, und jeden Abend nach Sonnenuntergang machte ich die Samen-Übung. Am dritten Tag zeigte ein gelber Zementpfeiler an, daß wir die Grenze überschritten hatten und uns auf spanischem Boden befanden. Petrus gab nach und nach etwas über sein Leben preis; so erfuhr ich, daß er Italiener und Industriedesigner* ist.
Ich fragte ihn, ob er keine Schwierigkeiten gehabt habe, seine Arbeit im Stich zu lassen, um einen Pilger auf der Suche nach seinem Schwert zu begleiten.
– »Eines will ich gleich klarstellen«, entgegnete er. »Ich führe dich nicht zu deinem Schwert. Ich bin hier, um dir den Jakobsweg zu zeigen und dir die Lektionen von RAM beizubringen. Ob du dein Wissen benutzt, um dein Schwert zu finden, ist deine Sache.«
– »Du hast meine Frage nicht beantwortet.«
– »Wenn du auf Reisen bist, fühlst du den Prozeß der Wiedergeburt auf eine sehr reale Weise. Du wirst ständig mit neuen Situationen konfrontiert, der Tag vergeht langsamer, und meistens verstehst du die Landessprache nicht. Du schenkst den Dingen, die dich umgeben, mehr Beachtung, weil davon dein eigenes Überleben abhängt. Du wirst zugänglicher für andere, weil sie dir in schwierigen Situationen helfen können. Weil alles neu ist, siehst

* Monate später entdeckte ich in einer Zeitschrift eine Fotografie von Petrus im Smoking. Im dazugehörigen Artikel wurde er als einer der berühmtesten europäischen Designer der Gegenwart bezeichnet.

du auch nur das Schöne, und du freust dich des Lebens. Darum war die religiöse Wallfahrt immer eine der wirksamsten Möglichkeiten, um der Erleuchtung ein Stück näherzukommen. Es ist immer das beste, vorwärtszuschreiten und sich den jeweiligen neuen Umständen zu stellen und als Gegenleistung die unzähligen Segnungen zu erhalten, die uns das Leben großzügig schenkt, wenn wir darum bitten.

Glaubst du wirklich, daß ich mich um ein paar Projekte sorge, die ich zurückgelassen habe, um hier zu sein? Ich bin gern hier. Die Arbeit, die ich nicht ausführe, zählt nichts, und die Dinge, die ich anschließend vollbringe, werden viel besser sein.«

Am Nachmittag des siebten Tages kamen wir auf einen Berg, nachdem wir einen Pinienwald durchquert hatten. Dort soll Karl der Große erstmals auf spanischem Boden gebetet haben, und die lateinische Inschrift eines verwitterten Denkmals forderte uns dazu auf, das gleiche zu tun. Wir kamen dieser Aufforderung nach, und Petrus verlangte anschließend von mir, zum letzten Mal die Samen-Übung durchzuführen.

Starker Wind war aufgekommen, und es war bitterkalt. Ich meinte, daß es noch zu früh für die Übung sei – es war erst gegen drei Uhr nachmittags –, aber Petrus ignorierte meinen Einwand und sagte, ich solle nicht diskutieren, sondern tun, was er anordnete.

Also kniete ich mich nieder und begann mit der Übung. Alles verlief normal bis zu dem Moment, in dem ich meine Arme hob und mir die Sonne vorstellte. Plötzlich fiel ich in Ekstase. Mein menschliches Bewußtsein wurde langsam ausgelöscht, und ich verwandelte mich in einen Baum. Ich war glücklich. Die Sonne wärmte mich und drehte sich um ihre eigene Achse – das hatte ich nie zuvor erlebt. Ich stand mit ausgebreiteten Ästen auf dem Berg, und die

Blätter wurden vom Wind bewegt. Ich fühlte mich so wohl, daß ich diese Stellung nie mehr aufgeben wollte. Plötzlich spürte ich einen Schlag, und für den Bruchteil einer Sekunde umgab mich tiefe Finsternis. Ich riß die Augen auf. Petrus hatte mir eine Ohrfeige gegeben und umklammerte meine Schultern. – »Vergiß deine Ziele nicht!« rief er wütend. – »Vergiß nicht, daß du noch viel zu lernen hast, bis du dein Schwert in den Händen halten kannst.«

Ich setzte mich auf den Boden und zitterte vor Kälte.

– »Passiert das öfter?« wollte ich wissen.

– »Ja. Hauptsächlich bei Leuten wie dir, die sich von den Details faszinieren lassen und ihr Ziel aus den Augen verlieren.«

Der Weg führte uns bergab. Ich fror erbärmlich und dachte, daß das wohl mit unserer mangelhaften Ernährung zusammenhing. Petrus meinte jedoch, daß es nichts damit zu tun hätte. Er erklärte mir, daß wir den höchsten Punkt des Gebirges überschritten hatten.

Plötzlich breitete sich nach einer Kurve eine neue Welt vor uns aus. Eine unendliche, sanft gewellte Ebene lag vor uns. Und links vom Weg, keine zweihundert Meter entfernt, erwartete uns ein einladendes Dorf mit vielen rauchenden Kaminen.

Ich ging schneller, aber Petrus hielt mich zurück.

– »Ich glaube, das ist die beste Gelegenheit, dich mit der zweiten Lektion von RAM vertraut zu machen«, sagte er und setzte sich auf einen Stein.

Widerwillig ließ ich mich neben ihm nieder. Der Anblick des Dorfes mit seinen rauchenden Kaminen hatte mich aufgewühlt. Jetzt erst wurde mir klar, daß wir eine Woche im Gebirge umhergestreift waren, ohne einer einzigen Menschenseele begegnet zu sein. Wir hatten unter dem freien Himmel geschlafen und waren tagsüber unentwegt auf den Beinen gewesen. In einem Schlafsack zu nächtigen und von Beeren und Fischen zu leben, mochte ja für einen Zwanzigjährigen ganz lustig sein, aber ich litt unter den Entbehrungen. Ich freute mich auf die wohltuende Wärme eines Feuers und ein Glas Wein in einer Bar. Petrus schien nichts dergleichen zu empfinden und ließ seine Blicke in die Ferne schweifen.

– »Wie hat dir die Wanderung durch die Pyrenäen gefallen?« wollte er wissen.

– »Ganz gut«, antwortete ich kurz.

– »Es muß dir wirklich gut gefallen haben, denn wir haben für eine Strecke, die man an einem Tag schaffen kann, sechs Tage gebraucht.«

Ich konnte nicht fassen, was ich da hörte. Er breitete die Landkarte aus und zeigte mir die Entfernung: siebzehn Kilometer. Selbst bei einer gemächlichen Gangart und vielen Steigungen hätte man diese Distanz leicht in sechs Stunden zurücklegen können.

– »Du bist so darauf versessen, dein Schwert zu finden, daß du etwas Grundlegendes vergessen hast: Du mußt den Weg bewußt zurücklegen. Du hast gar nicht bemerkt, daß wir manche Stellen vier- oder fünfmal aus verschiedenen Richtungen erreicht haben.

Ich habe dich über verschiedene Schmuggler-Pfade geführt. Wenn du dich auf deinen Weg konzentriert hättest, hättest du bemerkt, daß wir kaum vorwärts kommen. Aber du hattest keinen Blick dafür, weil du nur an dein Ziel gedacht hast.«

– »Was wäre geschehen, wenn ich es bemerkt hätte?«

– »Dann hätten wir uns ebenfalls sieben Tage Zeit gelassen, weil es die Lektionen von RAM vorschreiben. Aber du hättest die Pyrenäen besser genießen können.«

Vor Überraschung vergaß ich die Kälte und das verheißungsvolle Dorf.

– »Auch wenn man ein verlockendes Ziel anstrebt, so ist

es unerläßlich, auf den Weg zu achten. Der Weg bereichert uns, solange wir ihn benutzen und wahrnehmen. Es ist wie in der Liebe – die vorangegangenen Zärtlichkeiten bestimmen die Intensität des Orgasmus.
Wenn wir unser Ziel erreichen, richten sich die Empfindungen nach dem gewählten Weg. Darum ist die zweite Lektion von RAM so wichtig: Man lernt dabei, die Geheimnisse des Alltäglichen zu erforschen, die wir aus Routine übersehen.«
Petrus lehrte mich die *Geschwindigkeits-Übung*.
– »Diese Übung sollte in zwanzig Minuten ausgeführt werden. Aber weil wir uns auf dem Weg der großen Sehnsucht befinden, lassen wir uns eine ganze Stunde Zeit, um in die Ortschaft zu gelangen.«
Die Kälte, die ich fast vergessen hatte, quälte mich von neuem, und ich warf Petrus einen verzweifelten Blick zu. Aber er kümmerte sich nicht darum: Er stand auf, nahm seinen Rucksack und schlich die fehlenden dreihundert Meter in einem aufreizenden Schneckentempo vorwärts. Ich sah nur die Taverne vor mir, ein kleines altes, zweistöckiges Gebäude mit einem Holzschild über der Tür. Wir befanden uns schon so nahe, daß ich sogar die Jahreszahl erkennen konnte: 1652. Wir bewegten uns zwar, aber es schien, als seien wir nicht vom Fleck gekommen. Petrus setzte einen Fuß vor den anderen, und ich ahmte ihn nach. Ich holte die Uhr aus dem Rucksack und legte sie um.
– »Das macht es nur noch schlimmer«, sagte er, – »denn die Zeit vergeht nicht immer gleich schnell. Wir selbst bestimmen den Takt der Zeit.«
Ich schaute ständig auf die Uhr und mußte ihm recht geben. Je öfter ich hinsah, um so langsamer verstrichen die Minuten. Ich befolgte seinen Rat und steckte die Uhr wieder weg. Dann versuchte ich mich auf die Landschaft zu konzentrieren, aber immer wieder schielte ich zur Bar

und bemerkte bekümmert, daß ich nicht vorwärts kam. Um mich abzulenken, bemühte ich mich, mir eine Geschichte auszudenken, aber die Übung machte mich so nervös, daß ich mich nicht mehr konzentrieren konnte. Wieder zog ich die Uhr hervor – es waren erst zwölf Minuten verstrichen.

– »Mach aus dieser Übung keine Tortur, denn dazu ist sie nicht bestimmt«, ermahnte mich Petrus. – »Versuch Freude an einer Geschwindigkeit zu empfinden, die du nicht gewöhnt bist. Indem du die alltäglichen Dinge auf eine andere Weise tust, verschaffst du dir die Möglichkeit, daß in dir ein neues Bewußtsein wächst. Aber es bleibt dir selbst überlassen, was du daraus machst.«

Ich atmete tief durch und beruhigte meinen Geist. Langsam entspannte ich mich und begann meine Umgebung mit anderen Augen zu sehen. Die Einbildungskraft, die rebelliert hatte, als ich angespannt war, half mir jetzt. Ich sah das Dorf vor mir und stellte mir vor, wie es erbaut wurde, wie die Pilger es durchquert hatten, dachte an ihre Vorfreude, eine Beherbergung in Aussicht zu haben nach der langen Wanderschaft im kalten Wind – diese Gedanken beflügelten meine Seele. Meine Phantasie erfüllte die Ebene mit Reitern und Schlachten. Ich konnte Schwerter in der Sonne blitzen sehen und hörte Kampfgeschrei. Das Dorf war nun nicht mehr nur ein Ort, in dem ich meine Seele mit Wein laben und meinen Körper mit einer Decke wärmen konnte, sondern es wurde zum Markstein der Geschichte, eine Zuflucht für heldenhafte Menschen, die alles hinter sich gelassen hatten, um sich in dieser Einöde einzurichten. Die Welt umfing mich, und ich mußte erkennen, daß ich ihr bisher sehr wenig Beachtung geschenkt hatte.

Eh' ich's mich versah, waren wir an der Taverne angelangt, und Petrus forderte mich zum Eintreten auf.

– »Ich spendiere den Wein«, sagte er. – »Und dann gehen

wir frühzeitig zu Bett, weil ich dich morgen einem Zauberer vorstellen möchte.«

Ich schlief tief und traumlos. Als das Leben in den beiden einzigen Straßen des Ortes Roncesvalles erwachte, klopfte Petrus an meine Tür. Wir wohnten im Obergeschoß der Taverne, die auch eine Herberge für Reisende war.

Nach dem Frühstück – schwarzer Kaffee und Brot mit Olivenöl – machten wir uns auf den Weg. Ein dichter Nebel hing über dem Ort. Roncesvalles war zur Zeit der großen Wallfahrten das machtvollste Kloster der Gegend, das die Gebiete bis zur Grenze von Navarra beherrscht hatte. Und diesen Charakter hatte es bewahrt: die Gebäude gehörten zu einem Mönch-Kollegiat. Das einzige weltliche Haus war unsere Taverne.

Wir wanderten durch den Nebel und betraten die Stiftskirche. Im Innern hatten sich einige Priester zur Morgenandacht versammelt. Ich konnte nichts verstehen, weil die Messe in Baskisch abgehalten wurde. Petrus nahm auf der hintersten Bank Platz und forderte mich auf, mich neben ihm niederzulassen.

Die Kirche war gewaltig, angefüllt mit kostbaren Kunstgegenständen. Petrus erklärte mir, daß sie durch Spenden der Königshäuser von Portugal, Spanien, Frankreich und Deutschland an einem von Karl dem Großen bestimmten Ort errichtet wurde. Auf dem Hochaltar stand die Jungfrau von Roncesvalles, aus massivem Silber. Ihr Gesicht war aus wertvollem Holz geschnitzt, und sie hielt einen Blumenstrauß aus Edelsteinen in den Händen. Der Weihrauchduft, die gotische Bauweise und die in Weiß gekleideten Pater sowie ihre Gesänge versetzten mich in einen tranceähnlichen Zustand, wie ich ihn bei den Ritualen der Tradition erlebt hatte.

– »Und der Zauberer?« fragte ich.

Petrus deutete auf einen hageren Mann mit Brille, der

zusammen mit den anderen Mönchen auf langen Bänken saß, die den Hochaltar säumten. Ein Zauberer und zugleich Priester! Ich hoffte, daß die Messe endlich zu Ende ginge, aber meine Ungeduld bewirkte wohl, daß die religiöse Zeremonie sich über eine Stunde ausdehnte.
Nach der Messe folgten wir den Mönchen in den Innenhof des Klosters, in dessen Mitte ein Springbrunnen stand. Dort erwartete uns der Priester mit der Brille.
– »Pater Xavier, das ist der Pilger«, stellte mich Petrus vor. Der Pater streckte mir die Hand entgegen, und wir begrüßten uns. Der Geistliche musterte mich eingehend, ohne eine Miene zu verziehen. Nach einer langen beklemmenden Stille sagte er: – »Du scheinst die Stufen der Tradition zu schnell emporgestiegen zu sein, mein Guter.«
Ich entgegnete, daß ich bereits achtunddreißig Jahre alt sei und bei allen ›Feuerproben‹ erfolgreich gewesen sei.
– »Bis auf die letzte und gleichzeitig die wichtigste.« Er musterte mich eindringlich. – »Und ohne diese ist alles hinfällig, was du zuvor gelernt hast.«
– »Darum beschreite ich ja den Jakobsweg.«
– »Das ist keine Garantie. Komm mit.«
Petrus blieb im Garten zurück, und ich folgte Pater Xavier. Wir durchquerten den Klostergang, kamen an einem Königsgrab – dem von Sancho dem Starken – vorbei und gingen in eine kleine Kapelle. In ihrem Innern stand nur ein Tisch mit einem Buch und einem Schwert darauf. Aber es war nicht mein Schwert.
Pater Xavier nahm hinter dem Tisch Platz und ließ mich stehen. Die Szene erinnerte mich an die Begegnung mit Madame Debrill. Er entzündete einige Kräuter, die den Raum mit einem angenehmen Duft erfüllten.
– »Zuerst möchte ich dich darauf hinweisen, daß der Jakobsweg nur einer der vier Wege ist. Es ist der Weg des Schwertes. Er kann dir Macht verleihen, aber das allein genügt nicht.«

– »Welches sind die anderen drei?«
– »Du kennst zumindest zwei davon: den Weg von Jerusalem, auch als Weg des Grals bekannt, der dir die Fähigkeit verleiht, Wunder zu vollbringen; und der Weg von Rom oder Weg des Kreuzes, der dir die Kommunikation mit anderen Welten ermöglicht.
Der vierte Weg ist ein Geheimweg, und wenn du ihn eines Tages beschreitest, darfst du niemandem davon erzählen. Aber lassen wir das vorläufig beiseite. Wo sind deine Muscheln?«
Ich holte die Muscheln mit dem Bildnis der heiligen Aparecida aus dem Rucksack. Er legte sie auf den Tisch, hielt seine Hände darüber und begann, sich zu konzentrieren. Er bat mich, das gleiche zu tun. Beide hatten wir die Augen geöffnet, und plötzlich konnte ich das gleiche Phänomen wie im Gebirge in Brasilien erleben: Die Muscheln schimmerten in einem blauen Licht. Die Leuchtkraft wurde immer intensiver, und eine geheimnisvolle Stimme ertönte aus dem Mund von Pater Xavier: – »Wo dein Schatz ist, dort ist auch dein Herz.«
Es war ein Satz aus der Bibel, und die Stimme fuhr fort:
– »Und wo dein Herz ist, da wird die Krippe der Wiedergeburt Christi zu finden sein; wie diese Muscheln, so ist der Pilger auf dem Jakobsweg nur die Hülle. Wenn diese Hülle zerspringt, erscheint das wahre Leben, das aus Agape besteht.«
Er nahm die Hände weg, und die Muscheln verloren ihre Leuchtkraft. Dann trug er meinen Namen in das Buch ein, das auf dem Tisch lag. Auf der ganzen Strecke sah ich drei Bücher, in die mein Name eingetragen wurde: das von Madame Debrill, das von Pater Xavier und das Buch der Macht, in das ich mich später selbst eintragen sollte.
– »Du kannst gehen«, sagte er. – »Der Segen der Jungfrau von Roncesvalles und des heiligen Jakobus seien mit dir.«

– »Der Jakobsweg ist mit gelben Markierungen gekennzeichnet«, erklärte der Pater, als wir zu Petrus zurückgingen. »Solltest du dich irgendwann verirren, achte auf diese Zeichen an Bäumen und Steinen.«
– »Das wird nicht nötig sein, denn ich habe einen guten Führer.«
– »Du solltest dich hauptsächlich auf dich selbst verlassen, um nicht im Kreis zu gehen, wie in den Pyrenäen.«
Nachdem wir uns verabschiedet hatten, verließen wir Roncesvalles. Der Nebel hatte sich aufgelöst, und ein schnurgerader Weg lag vor uns. Ich achtete auf die gelben Markierungen. Mein Rucksack war etwas schwerer, weil ich eine Flasche Wein mitgenommen hatte, obwohl mir Petrus versichert hatte, daß das unnötig sei. Von nun an säumten Hunderte von Ortschaften den Weg, und wir übernachteten nur noch selten im Freien.
– »Petrus, der Pater hat etwas von der Wiedergeburt Christi gesprochen, als könne sie sich jederzeit ereignen.«
– »Und sie ereignet sich auch ständig. Das ist das Geheimnis deines Schwertes.«
– »Du hattest einen Zauberer angekündigt, und ich traf einen Priester. Was hat die Magie mit der katholischen Kirche zu tun?«
Petrus sagte nur ein einziges Wort: – »Alles!«

Die Geschwindigkeits-Übung

Gehe zwanzig Minuten halb so schnell wie gewöhnlich. Achte dabei auf alle Details deiner Umgebung, auf Menschen, Tiere und Landschaften. Die geeignetste Zeit für diese Übung ist nach dem Mittagessen.
Wiederhole diese Übung an sieben aufeinanderfolgenden Tagen.

Die Grausamkeit

– »Dort drüben wurde die Liebe ermordet«, behauptete ein Bauer und deutete auf eine kleine Einsiedelei auf einem Felsplateau.
Fünf Tage waren seit unserem Besuch bei dem Priester vergangen, und wir hatten nur zum Schlafen und Essen Rast gemacht. Petrus sprach wenig über sein Privatleben, aber er stellte mir viele Fragen über Brasilien und meine Tätigkeit. Er sagte, daß er mein Land liebe, weil es ihm die Christus-Statue mit den ausgebreiteten Armen auf dem Corcovado angetan habe.
Tagsüber war die Hitze fast unerträglich, und die Leute in den Dörfern klagten über die Trockenheit. Wegen der Hitze gewöhnten wir uns auch den spanischen Brauch an, von zwei bis vier Uhr nachmittags, wenn die Sonne am stärksten brannte, eine Siesta zu halten.
An diesem Nachmittag, als wir uns in einer Olivenplantage ausruhten, hatte sich uns ein alter Bauer genähert und bot uns einen Schluck Wein an. Trotz der Hitze war der Wein in dieser Gegend seit Jahrhunderten das beliebteste Getränk.
– »Und wieso wurde dort die Liebe ermordet?« fragte ich aus Höflichkeit.
– »Vor vielen Jahrhunderten hat eine Prinzessin eine Wallfahrt nach Compostela gemacht. Auf dem Rückweg beschloß sie, auf alles zu verzichten, um sich hier niederzulassen. Die reine Liebe hatte sie dazu getrieben, denn sie verteilte ihr ganzes Vermögen an die Armen der Gegend und pflegte die Kranken.
Dann wurde ihr Bruder von seinem Vater ausgesandt, um sie zurückzuholen. Aber die Prinzessin weigerte sich. In

seiner Verzweiflung erdolchte sie der junge Herzog in jener Kapelle, die sie mit eigenen Händen erbaut hatte, um Gott zu preisen und den Armen zu helfen.
Als dem Herzog seine Greueltat bewußt wurde, fuhr er reuevoll nach Rom, um die Vergebung des Papstes zu erlangen. Der Papst trug ihm zur Buße die Wallfahrt nach Compostela auf. Dabei ereignete sich etwas Merkwürdiges: als er auf dem Rückweg hier ankam, verspürte er den gleichen Impuls, hierzubleiben. Er bewohnte die von seiner Schwester errichtete Einsiedelei und versorgte die Armen bis ans Ende seiner Tage.«
– »Das ist das Gesetz des Ausgleichs«, sagte Petrus lachend. Der Bauer verstand die Bemerkung nicht, aber ich wußte, was er meinte.
– »Heutzutage ist Gott lediglich ein Begriff, der beinahe wissenschaftlich belegbar ist. Aber wenn man an einem Ziel ankommt, dann macht die Geschichte eine Wende, und es beginnt alles von vorn. Als Pater Xavier den Satz von Christus zitierte, daß dort, wo dein Schatz ist, auch dein Herz sei, hat er genau das gemeint. Denn wo immer du Gott begegnen willst, wirst du ihn finden. Und wenn du ihm nicht begegnen willst, spielt es auch keine Rolle, sofern dein Werk gut ist. Als die Prinzessin ihre Einsiedelei erbaute, um den Armen zu helfen, hat sie den Gott des Vatikans vergessen und ihn der Welt in seiner reinsten und weisesten Form gebracht – durch die Liebe. Insofern hat der Bauer recht mit der Behauptung, daß die Liebe ermordet wurde.«
Der Bauer fühlte sich sichtlich unbehaglich, da er Petrus' Ausführungen nicht folgen konnte.
– »Das Gesetz des Ausgleichs kam zur Wirkung, als ihr Bruder gezwungen war, das unterbrochene Werk weiterzuführen. Alles ist erlaubt, nur nicht, eine Manifestation der Liebe zu unterbrechen. Wenn das geschieht, muß derjenige, der sie zerstört hat, sie auch wiederaufbauen.«

Ich erklärte, daß in meinem Land das Gesetz des Ausgleichs besagt, daß das Leid und die Krankheit der Menschen auf Fehlverhalten in vergangenen Leben zurückzuführen seien.
– »Unsinn«, meinte Petrus. »Gott straft nicht, Gott ist Liebe. Seine einzige Bestrafung besteht darin, denjenigen, der ein Liebeswerk unterbricht, aufzufordern, es weiterzuführen.«
Der Bauer entschuldigte sich und ging wieder an die Arbeit. Petrus erhob sich und rüstete sich für den Marsch.
– »Gott ist in allem, was uns umgibt, und sollte erfahren und gelebt werden, anstatt erläutert zu werden. Mach die Geschwindigkeitsübung weiter, und du wirst seine Gegenwart immer deutlicher wahrnehmen.«

Nach zwei Tagen mußten wir einen Berg überwinden, der ›Höhe der Vergebung‹ genannt wurde. Der Aufstieg dauerte mehrere Stunden, und als wir endlich oben ankamen, bot sich uns eine Szene, die mich schockierte. Eine grölende Touristengruppe trank Bier und nahm Sonnenbäder. Sie hatten ihre Autos, aus denen laute Musik drang, kreuz und quer in der Landschaft abgestellt. Offensichtlich führte eine befahrbare Straßc auf diesen Berg.
– »Was hast du denn erwartet?« fragte Petrus. – »Etwa die Krieger von El Cid, die auf den nächsten Angriff der Mauren warten?«
Während des Abstiegs wandte ich zum letzten Mal die Geschwindigkeitsübung an. Petrus fragte mich etwas über meine Arbeit, und erst da wurde mir bewußt, daß ich schon lange nicht mehr daran gedacht hatte. Nur nachts erinnerte ich mich noch an die Geschäfte, die liegengeblieben waren, aber der Gedanke daran beunruhigte mich nicht mehr. Ich war glücklich, mich hier auf dem Weg der großen Sehnsucht zu befinden.
– »Irgendwann wirst du es wie die Prinzessin machen«,

meinte er scherzend, als ich ihm meine Empfindungen geschildert hatte. Dann hielt er an und bat mich, den Rucksack abzulegen.
– »Sieh dich um und fixiere deinen Blick auf einen ganz bestimmten Punkt.«
Ich wählte das Kreuz einer Kirche, die man in der Ferne sah.
– »Laß deine Augen auf diesem Punkt ruhen und versuche, dich nur auf das zu konzentrieren, was ich dir sage. Selbst wenn du etwas Ungewöhnliches empfindest, laß dich nicht davon ablenken.«
Ich stand vor Petrus, den Blick auf das Kirchturmkreuz geheftet, während er einen Finger in meinen Nacken drückte.
– »Der Weg, den du gehst, ist der Weg der Macht, und somit werden dir nur die Übungen der Macht beigebracht. Die Reise, die anfänglich für dich eine Qual war, weil du nur das Ziel vor Augen hattest, verwandelt sich jetzt in ein Abenteuer. Damit nährst du deine Träume.
Der Mensch darf nie aufhören, zu träumen, denn die Träume sind die Nahrung der Seele. Während unseres Lebens werden unsere Wunschvorstellungen sehr oft zerschlagen, aber es ist nötig, weiterzuträumen, sonst stirbt unsere Seele und die Agape-Liebe kann nicht in sie einfließen.
Die ›Auseinandersetzung‹ ist ein Gefecht im Namen unserer Träume. Wenn wir in der Jugend die Träume mit voller Gewalt durchbrechen, haben wir zwar viel Mut bewiesen, aber wir haben nicht gelernt, einen richtigen Kampf zu führen. Nach vielen Mühen lernen wir das Kämpfen, aber oft haben wir den Mut zur Auseinandersetzung verloren. Aus diesem Grund wenden wir uns gegen uns selbst und bekämpfen uns und werden zu unseren schlimmsten Feinden. Wir behaupten, daß unsere Wunschträume kindlich, unrealistisch oder unerreichbar

waren. Wir töten sie ab, weil wir die Auseinandersetzung mit ihnen fürchten.«

Der Druck auf meinen Nacken nahm zu. Es schien mir, als transformiere sich der Umriß des Kreuzes – es sah wie ein Mensch mit Flügeln aus. Ein Engel. Ich blinzelte, und das Kreuz wurde wieder, was es war.

– »Das erste Merkmal, daß wir unsere Träume abtöten, ist der *Mangel an Zeit*«, fuhr Petrus fort. – »Die Menschen klagen ständig über Zeitmangel und Erschöpfung, weil sie Angst vor der Auseinandersetzung haben.

Das zweite Symptom zur Zerstörung unserer Träume ist der *Drang nach Sicherheit.* Wir wollen das Leben nicht als das große Abenteuer betrachten, das gelebt werden will. Wir verschaffen uns Sicherheiten, damit wir uns nicht mit dem realen Leben auseinandersetzen müssen. Wir schauen über unsere Festung des Alltäglichen und sehen die Gefechte anderer, aber wir bemerken nicht die Freude der Kämpfenden, denn für sie zählt weder der Sieg noch die Niederlage, sondern nur die Herausforderung der Auseinandersetzung.

Das dritte Merkmal des Sterbens unserer Wunschträume ist der *Frieden.* Das Leben beschränkt sich auf einen friedvollen Sonntagnachmittag, ohne uns zu fordern. Wir lassen die kindlichen Phantasien beiseite und erreichen unsere persönliche Erfüllung. Wir wundern uns, wenn jemand unseres Alters noch Erwartungen an das Leben stellt. Aber im Grunde wissen wir, daß wir aufgegeben haben, für unsere Träume zu kämpfen.«

Das Kirchturmkreuz veränderte sich ständig, und an seiner Stelle erkannte ich wieder einen Engel mit ausgebreiteten Flügeln. Ich wollte es Petrus sagen, aber ich merkte, daß er noch nicht fertig war.

– »Wenn wir auf unsere Träume verzichten und zur Ruhe kommen«, sagte er nach einiger Zeit, – »dann haben wir für eine kurze Zeitspanne Frieden. Aber die abgestorbenen Träume verfaulen in uns und infizieren die Umgebung, in der wir leben. Wir werden mißmutig, und schlußendlich richten wir diesen Mißmut gegen uns selbst. Dann entstehen Krankheiten und Psychosen. Das, was wir beim Gefecht vermeiden wollten – die Enttäuschung und die Niederlage –, ist das einzige Vermächtnis unserer Feigheit. Und eines Tages verpesten die abgetöteten Träume unsere Luft, und wir sehnen uns nach dem Tod, der uns vor den Sicherheiten, vor den Aktivitäten und vor den schrecklich friedvollen Sonntagnachmittagen erlösen soll.«

Jetzt war ich ganz sicher, einen Engel zu erkennen, und ich konnte Petrus' Worten nicht mehr folgen. Er muß es bemerkt haben, denn er hielt inne und nahm den Finger von meinem Nacken. Die Engelsgestalt löste sich langsam auf, und die Kirchturmspitze erschien wieder.

Ich holte eine Flasche Wein aus dem Rucksack und trank ein paar Schlucke.

– »Was hast du wahrgenommen?« fragte Petrus.

Ich erzählte ihm von dem Engel und davon, daß er anfangs verschwand, wenn ich blinzelte.

– »Auch du mußt noch lernen, die Auseinandersetzung zu akzeptieren. Du hast bereits die Abenteuer des Lebens angenommen, schreckst aber immer noch vor dem Außergewöhnlichen zurück.«

Petrus holte eine goldene Nadel aus seinem Rucksack.

– »Das ist ein Geschenk meines Großvaters. Beim Orden von RAM besaßen früher alle diesen Gegenstand. Als du den Engel auf dem Kirchturm gesehen hast, wolltest du ihn verleugnen, weil es etwas war, das du nicht kennst. Kirchtürme bleiben Kirchtürme aus deiner Sicht, und die Visionen haben nur Platz bei den Ekstasen, die durch die Rituale der Tradition hervorgerufen werden.«

Ich entgegnete, daß meine Vision wahrscheinlich durch den Druck auf meinen Nacken hervorgerufen wurde.

– »Das mag sein, ändert aber nichts. Tatsache ist, daß du die Vision verleugnet hast. Die Prinzessin muß etwas Ähnliches gesehen haben und setzte ihr ganzes Leben darauf: als Ergebnis wurde ihr Werk in Liebe verwandelt. Das gleiche muß auch ihrem Bruder widerfahren sein.«
Petrus machte sich wieder auf den Weg, und ich folgte ihm.
– »Die einzige Art, wie wir unsere Träume retten können, ist, großzügig mit uns selbst zu sein. Jeder Versuch der Selbstanklage muß rigoros bekämpft werden. Um uns bewußt zu werden, wann wir grausam gegen uns sind, müssen wir jeden Anflug von seelischem Schmerz in physischen Schmerz umwandeln – Schuldgefühl, Reue, Unschlüssigkeit und Feigheit müssen sich im Körperlichen manifestieren. Indem wir den geistigen Schmerz in körperlichen umwandeln, können wir den Schaden erkennen, den er verursacht.«
Und Petrus lehrte mich die *Grausamkeits-Übung.*
– »Früher hat man dazu die goldene Nadel benützt«, erklärte er. – »Doch heutzutage geht es auch anders. Denk an etwas Grausames, das du dir heute zugefügt hast, und dann führe die Übung durch.«
Ich konnte mich beim besten Willen an nichts erinnern. Doch dann fiel mir plötzlich ein, daß ich mich einen Idioten geschimpft hatte, weil ich den steilen Berg ›Höhe der Vergebung‹ mit so viel Mühe erklommen hatte, während die Touristen den bequemeren Weg gewählt hatten. Ich wußte, daß dieser Gedanke unsinnig war – die Touristen waren auf der Suche nach Sonne, während ich mich auf der Suche nach meinem Schwert befand. Ich war kein Idiot, obwohl ich mich so gefühlt hatte. Also grub ich mit voller Wucht den Nagel meines Zeigefingers in die Wurzel des Daumennagels. Dann konzentrierte ich mich auf den Schmerz, bis ich das Gefühl los wurde, ein Idiot zu sein.

Ich erzählte Petrus davon, und er lachte.
Diese Nacht verbrachten wir in einem gastfreundlichen Hotel in dem Dorf, dessen Kirchturm ich von weitem gesehen hatte. Nach dem Essen machten wir noch einen kleinen Verdauungsspaziergang durch die Straßen.
– »Bei allen Gelegenheiten, sich zu schaden, hat der Mensch in der Liebe die schlimmste gefunden. Wir leiden ständig um jemanden, der uns nicht liebt, um jemanden, der uns verließ, um jemanden, der uns nicht freigibt. Sind wir Junggesellen, dann will uns niemand, und wenn wir verheiratet sind, verwandeln wir die Partnerschaft in Sklaverei. Das ist furchtbar«, fügte Petrus schlecht gelaunt hinzu.
Wir kamen zum Kirchplatz. Ich sah zum Kreuz hinauf, um den Engel wiederzusehen, aber vergeblich.
– »Als Gottes Sohn auf die Erde kam, brachte er die Liebe. Aber weil für die Menschheit Liebe nur Leid und Opfer bedeutet, hat man ihn gekreuzigt. Wenn es nicht geschehen wäre, hätte keiner an seine Liebe geglaubt, weil sich jeder mit seinem eigenen Leid beschäftigt.«
Wir setzten uns auf eine Bank, und Petrus schaute zum Glockenturm empor. Seine Augen bekamen einen seltenen Glanz, und ich fühlte, daß er von etwas ergriffen wurde – vielleicht von jener Liebe, von der er so viel sprach und die ich nicht recht fassen konnte.

Die Grausamkeits-Übung

Immer wenn dir ein Gedanke durch den Kopf geht, der dir schadet – Eifersucht, Selbstmitleid, Kummer, Neid, Haß oder andere negative Gefühle –, dann mache folgendes:

Bohre den Nagel des Zeigefingers in die Wurzel des Daumennagels, bis der Schmerz intensiv empfunden wird. Konzentriere dich auf diesen Schmerz: er reflektiert auf körperlicher Ebene das gleiche Leiden, das du auf seelischer Ebene empfindest. Laß den Druck erst nach, wenn dir der schädliche Gedanke aus dem Kopf geht.

Wiederhole diese Übung, so oft es nötig wird, und bis dich der quälende Gedanke losläßt. Dann wird er immer seltener kommen, bis er sofort verschwindet, wenn du den Fingernagel eingräbst.

Der Bote

– »Hier münden alle Wege, die nach Santiago führen, in einen.«
An einem frühen Morgen trafen wir in Puente de la Reina – Königinbrücke – ein. Der obige Satz stand am Sockel einer Statue, die einen Pilger in mittelalterlicher Bekleidung darstellte – mit einem dreieckigen Hut, Umhang, Muscheln und dem Wanderstock mit der Kalebasse. Die Statue erinnerte an das Epos einer fast vergessenen Zeit, die Petrus und ich jetzt neu erlebten.
Die vergangene Nacht hatten wir in einem der Klöster verbracht, die an der Wegstrecke lagen. Der Mönch, der uns eingelassen hatte, machte uns darauf aufmerksam, daß in den Mauern dieser Abtei kein einziges Wort gesprochen werden durfte. Ein junger Klosterbruder führte uns zu den Kammern, die nur das Allernötigste enthielten: ein hartes Lager mit alten, aber sauberen Laken, eine Wasserkanne und eine Waschschüssel. Es gab kein fließendes Wasser, und hinter der Tür hing der Zeitplan für die Mahlzeiten.
Pünktlich erschienen wir im Speiseraum. Wegen des Schweigegelübdes verständigten sich die Mönche mit Blicken, und ihre Augen schienen besonders zu leuchten. Das Mahl wurde zeitig an langen Tischen serviert. Es gab Gemüsesuppe, Brot, Fisch und Wein. Die Mönche beteten gemeinsam, und wir schlossen uns an. Danach, während wir aßen, las ein Mönch in monotoner Stimmlage Texte aus dem Paulus-Evangelium vor. Die Ermahnungen des Apostels an die Korinther hallten während der ganzen Mahlzeit von den kahlen Wänden des Speisesaals wider.

Während wir uns Puente de la Reina näherten, unterhielten wir uns über die Mönche.

– »Jesus gesellte sich zu den Fischern und lebte unter den Menschen und reiste umher«, bemerkte Petrus.

– »Außerdem bestand sein erstes Wunder nicht darin, Seelen zu retten oder zu heilen, sondern er verwandelte bei einer Hochzeit Wasser in Wein.«

Plötzlich blieb er wie erstarrt stehen, so daß auch ich erschrocken anhielt. Wir waren vor der Brücke, die der Stadt ihren Namen gegeben hatte. Petrus sah aber nicht auf den Weg, sondern beobachtete zwei Jungen, die mit einem Gummiball am Flußufer spielten. Sie mußten zwischen acht und zehn Jahre alt sein und nahmen keinerlei Notiz von uns. Statt über die Brücke zu gehen, lief Petrus auf die beiden Knaben zu. Ich folgte ihm, wie immer, ohne zu fragen.

Petrus setzte sich und beobachtete das Spiel, bis der Ball in seine Nähe rollte. Mit einer schnellen Bewegung nahm er ihn auf und warf ihn mir zu.

Ich fing ihn in der Luft auf und wartete ab, was nun wohl passieren würde.

Einer der beiden Jungs näherte sich. Mein erster Impuls war, ihm den Ball zurückzugeben, aber Petrus' Verhalten war so ungewöhnlich, daß ich herausfinden wollte, was er vorhatte.

– »He, geben Sie mir den Ball zurück«, sagte der Junge.

Ich betrachtete die kleine Gestalt, die zwei Meter vor mir stand. Ich fühlte etwas Vertrautes an dem Jungen, das gleiche Gefühl, das mich beim Anblick des Schwarzhaarigen befallen hatte.

Der Knabe bedrängte mich, und als er merkte, daß ich mich nicht rührte, bückte er sich und hob einen Stein auf.

– »Los, geben Sie den Ball her, sonst werfe ich den Stein.«

Petrus und der andere Junge beobachteten uns schweigend. Die Aggressivität des Kleinen irritierte mich.

– »Wirf nur«, entgegnete ich. – »Wenn er mich trifft, bekommst du eine Tracht Prügel.«
Ich bemerkte, daß Petrus erleichtert aufatmete. Irgend etwas bewegte mein Unterbewußtsein – ich hatte das leise Gefühl, diese Szene schon einmal erlebt zu haben.
– »Hier gibt es einen kleinen Reliquienschrein, der einem reichen Pilger gehörte. Ich sehe an dem Rucksack, daß Sie auch ein Pilger sind. Wenn Sie mir meinen Ball zurückgeben, führe ich Sie zu dem Schrein, der hier im Sand des Flußufers liegt.«
– »Ich will aber den Ball behalten«, sagte ich ohne große Überzeugung. Natürlich wollte ich lieber den kleinen Schrein. Der Junge schien die Wahrheit zu sagen, aber vielleicht brauchte Petrus diesen Ball für etwas, und ich wollte ihn nicht enttäuschen – schließlich war er mein Führer.
– »Sie brauchen den Ball doch gar nicht«, klagte der Junge mit weinerlicher Stimme. – »Sie sind weit gereist und kennen die Welt. Ich kenne nur die Ufer dieses Flusses, und mein Spielzeug ist dieser Ball. Bitte, geben Sie ihn mir zurück.«
Die Worte des Kindes berührten mich tief. Aber die vertraute Atmosphäre und das Gefühl, diese Situation schon einmal erlebt zu haben, drängte mich zu weiterem Widerstand.
– »Nein, ich brauche diesen Ball. Aber ich gebe dir Geld, damit du dir einen viel schöneren kaufen kannst.«
Plötzlich schien die Zeit stillzustehen. Die Umgebung transformierte sich, ohne daß Petrus den Finger gegen meinen Nacken drückte: Für den Bruchteil einer Sekunde schien mir, als befänden wir uns in einer unendlichen grauen Wüste. Weder Petrus noch der andere Junge waren anwesend – in dieser Welt existierten nur der Kleine und ich. Er war mit einemmal älter, hatte sympathische Züge, aber seine Augen flößten mir Angst ein.

Im nächsten Augenblick war die Vision verschwunden, und ich befand mich wieder in Puente de La Reina, wo alle Wege nach Santiago zusammenführten. Vor mir stand der Knabe mit traurigem Blick.
Petrus näherte sich, nahm mir den Ball ab und gab ihn dem Kind zurück.
– »Und wo ist der Schrein?« fragte ich den Jungen.
– »Was für ein Schrein?« Eilig nahm der Junge seinen Freund bei der Hand und lief davon.
Wir kletterten den Hang hinauf und überquerten die Brücke. Ich stellte Fragen über den Vorfall und erzählte von meiner Vision, aber Petrus winkte ab und meinte, daß wir später darauf zurückkämen.
Nach einer halben Stunde legten wir eine Frühstückspause ein, um uns Vollkornbrot, Yoghurt und Ziegenkäse schmecken zu lassen, die uns die Mönche als Wegzehrung mitgegeben hatten.
– »Warum wolltest du den Ball des Jungen?« fragte mich Petrus.
Ich entgegnete, daß mir nichts am Ball gelegen war, sondern ich so gehandelt hätte, weil er selbst mir den Eindruck vermittelt hatte, daß ihm der Ball wichtig sei.
– »Das war er auch. Du hattest eine siegreiche Begegnung mit deinem persönlichen Dämon.«
Mein persönlicher Dämon? So etwas Verrücktes hatte ich noch nie gehört. Und wollte es auch nicht so ohne weiteres hinnehmen.
– »Bevor wir die Brücke überquerten, fühlte ich ganz stark die Anwesenheit von jemanden, der uns einen Hinweis geben wollte. Aber diese Warnung galt mehr dir als mir. Ein Kampf kann schnell entstehen, und du mußt die Auseinandersetzung annehmen.
Wenn man seinen persönlichen Dämon nicht kennt, versucht er sich durch die nächstbeste Person zu manifestieren. Ich habe mich umgesehen und entdeckte die beiden

spielenden Kinder und ahnte, daß er sich dort kundtun würde. Erst als du dich weigertest, den Ball herauszugeben, war ich sicher, daß es sich um deinen persönlichen Dämon handle.«
Ich entgegnete, daß ich mich so verhalten habe, weil ich vermutete, daß er es so wollte.
– »Wieso ich? Ich habe kein Wort gesagt.«
Nun wurde mir leicht schwindlig. Vielleicht hatte ich das Essen zu gierig verschlungen. Gleichzeitig ging mir der Gedanke nicht aus dem Sinn, daß mir der Junge irgendwie vertraut vorgekommen war.
– »Dein persönlicher Dämon hat dich auf drei klassische Arten in Versuchung geführt: mit einer Drohung, mit einem Versprechen, und schließlich hat er dein Mitleid erregt. Du hast allen widerstanden: herzlichen Glückwunsch!
Als sich der Junge nicht mehr an den Reliquienschrein erinnern konnte, war dein Dämon bereits verschwunden.« Und er fuhr fort: – »Nun ist es an der Zeit, ihn zurückzurufen. Du wirst ihn brauchen.«

Auf dem Feld, das sich vor uns ausbreitete, befanden sich Landarbeiter, aber sie waren zu weit entfernt, als daß wir hätten verstehen können, was sie sprachen. Das Plateau war leicht gewellt, und die bestellten Felder zeichneten kuriose Muster in die Landschaft. Zu unseren Füßen befand sich ein fast ausgetrockneter Wasserlauf.
– »Bevor Jesus in die Welt hinauszog, hat er sich in der Wüste mit seinem persönlichen Dämon auseinandergesetzt«, begann Petrus. – »Er lernte von ihm, was er über den Menschen wissen mußte, aber er überließ ihm nicht die Führung und hat ihn besiegt.
Niemand ist allein. Um die Auseinandersetzung anzunehmen, brauchen wir Freunde, und wenn diese nicht greifbar sind, müssen wir die Einsamkeit in unsere wichtigste

Waffe verwandeln. Alles, was uns umgibt, soll uns dienen, die nötigen Schritte zu unserem Ziel zu gehen. Ohne die Erkenntnis, daß wir alle und alles brauchen, was uns umgibt, wären wir arrogante Krieger. Und dieser Hochmut würde uns vernichten, weil wir die Fallen auf dem Schlachtfeld übersehen würden.
Außer den Naturkräften, die uns umgeben und uns helfen, gibt es grundsätzlich zwei geistige Kräfte an unserer Seite: einen Engel und einen Dämon. Der Engel will immer nur unser Bestes, er ist göttlich. Man muß ihn nicht um Hilfe bitten. Man kann ihn in allem wahrnehmen, was edel und schön ist. Man nennt ihn Schutzengel oder Schutzgeist.
Der Dämon ist auch ein Engel, aber er ist ein freier, rebellischer Geist. Ich nenne ihn lieber ›Bote‹, weil er der wichtigste Mittler zwischen dir und der Welt ist. Im Altertum wurde er durch Merkur repräsentiert, dem Götterboten. Sein Wirken beschränkt sich nun auf die materielle Ebene. Wenn wir ihn vertreiben, verlieren wir all das Gute, das er uns zu lehren hat, denn er kennt die Welt und die Menschen. Aber wenn wir uns von seiner Macht faszinieren lassen, beherrscht er uns und macht uns eine Auseinandersetzung unmöglich.
Die beste Art, mit unserem Boten umzugehen, ist, ihn als Freund zu akzeptieren. Seine Ratschläge anzuhören und, wenn nötig, um seine Hilfestellung zu bitten. Aber wir dürfen ihm niemals die Führung überlassen. So wie du es mit dem Jungen gemacht hast. Dazu ist es erforderlich, daß du genau weißt, was du willst, und du mußt sein Gesicht und seinen Namen kennen.«
– »Wie soll ich ihn kennen?« fragte ich leicht irritiert.
Daraufhin lehrte mich Petrus das ›Ritual des Boten‹.
– »Führe es erst heute abend aus, da geht es leichter. Heute wird dir dein Bote seinen Namen anvertrauen. Dieser Name sollte vor anderen unbedingt geheimgehalten

werden, denn wer den Namen kennt, kann den Boten zerstören.«

Petrus erhob sich, und wir zogen weiter. Kurz darauf kamen wir an den Bauern vorbei, die das Feld bestellten. Wir grüßten und gingen weiter.

– »Wenn ich ein Gleichnis verwenden sollte, so würde ich den Engel als die Rüstung und den Boten als das Schwert bezeichnen. Eine Rüstung ist ein wichtiger Schutz, aber das Schwert kann während der Schlacht herunterfallen – es kann einen Freund töten oder sich gegen den eigenen Herrn richten. Ein Schwert taugt für alles mögliche, nur nicht zum draufsetzen«, schloß er lachend.

Gegen acht Uhr abends erreichten wir Estella. Nach einem Duschbad trafen wir uns zum Abendessen. Der Autor des ersten Jakobsweg-Führers, Aymeric Picaud, beschrieb dieses Städtchen als einen »fruchtbaren Ort mit gutem Brot, hervorragendem Wein, Fleisch und Fisch. Sein Fluß Ega hat süßes, klares Trinkwasser«. Ich trank zwar kein Flußwasser, aber was das Essen betraf, hatte Picaud nach acht Jahrhunderten immer noch recht. Wir tafelten ausgiebig und ließen uns den Wein Rioja schmekken. Endlich meinte Petrus, daß es nun an der Zeit sei, die erste Begegnung mit meinem Boten herbeizuführen.

Wir schlenderten durch die Straßen. Einige Gassen führten direkt zum Fluß, und ich setzte mich ans Flußufer. Petrus war etwas zurückgeblieben, denn er wußte, daß ich von nun an das Geschehen selbst zu steuern hatte.

Ich blickte eine Weile auf den Fluß – und das Rauschen des Wassers beruhigte meinen Geist und schloß alle Gedanken aus. Ich schloß die Augen und visualisierte die erste Feuersäule. Anfänglich hatte ich noch Schwierigkeiten, doch dann wurde sie endlich vor meinem geistigen Auge sichtbar.

Nachdem ich die rituellen Worte gesprochen hatte, erschien nun auch die zweite Fäuersäule zu meiner linken

Seite. Der Raum zwischen den Säulen war leer. Angestrengt konzentrierte ich meinen Blick auf diesen Zwischenraum, wo sich der Bote manifestieren sollte. Aber statt dessen tauchten exotische Szenen auf – der Eingang einer Pyramide, eine ganz in Gold gekleidete Frau, ein paar schwarze Männer, die um ein Lagerfeuer tanzten. Die Visionen kamen und gingen in schneller Abfolge, und ich ließ sie ohne Widerstand fließen. Ich sah auch einzelne Wegstrecken, die ich mit Petrus zurückgelegt hatte, und Landschaften und Wälder. Bis plötzlich ohne Übergang die graue Wüste auftauchte, die ich bereits heute morgen gesehen hatte. Und dort stand auch der sympathische Mann mit den verräterischen Augen.

Er lachte, und ich lächelte zurück. Er zeigte mir eine verschlossene Tasche, die er öffnete und hineinsah – aber ich konnte von meinem Standpunkt aus nichts erkennen. Dann kam mir ein Name in den Sinn: Astrain. Ich versuchte mir den Namen zu merken, und der Bote nickte. Ich hatte herausgefunden, wie er hieß.

Das war der Zeitpunkt, die Übung zu beenden. Ich sprach die rituellen Worte aus und löschte die Feuersäulen – zuerst die linke, dann die rechte. Dann öffnete ich die Augen und sah den Ega-Fluß vor mir.

– »Es war viel einfacher, als ich befürchtet hatte«, sagte ich zu Petrus, nachdem ich ihm alles berichtet hatte.

– »Das war der erste Kontakt. Ein gegenseitiges freundschaftliches Erkennen. Die Unterhaltung mit dem Boden wird produktiv sein, wenn du ihn jeden Tag anrufst und deine Probleme mit ihm erläuterst und wenn du genau zu unterscheiden lernst, was wirkliche Hilfe und was eine Falle ist. Halte dein Schwert immer bereit, wenn du ihm begegnest.«

– »Ich hab doch noch gar kein Schwert«, warf ich ein.

– »Darum kann er dir auch nur wenig anhaben. Sei trotzdem auf der Hut.«

Das Ritual war beendet, und wir gingen ins Hotel zurück. Unter dem Bettlaken kamen mir noch hochtrabende Gedanken doch bevor ich die Welt zu verbessern suchte, mußte ich mir selber helfen.

Das Ritual des Boten

Setz dich bequem hin und entspanne deinen Körper. Laß deine Gedanken schweifen, wohin sie wollen. Schließe die Augen.

Wenn dein Geist zur Ruhe gekommen ist, stell dir eine Feuersäule zu deiner Rechten vor. Laß die Flammen lebendig und leuchtend werden. Dann sage leise:

– »Ich befehle meinem Unterbewußtsein, sich zu manifestieren. Es öffnet sich mir und verrät seine Geheimnisse.«

Warte ein wenig, und konzentriere dich nur auf die Feuersäule. Wenn Visionen auftauchen, so sind es Produkte deines Unterbewußtseins.

Versuche nun, auch auf der linken Seite eine Feuersäule zu visualisieren. Wenn die Flammen hell aufleuchten, sprich die folgenden Worte:

– »Möge sich die Kraft des Lammes, die sich in allen und durch alles manifestiert, auch durch mich offenbaren, während ich meinen Boten rufe. Er (wenn man ihn schon kennt, nennt man an dieser Stelle den Namen des Boten) wird jetzt erscheinen.«

Wenn der Bote zwischen den Säulen auftaucht, unterhalte dich mit ihm. Diskutiere deine Probleme und bitte ihn um Rat und erteile ihm die nötigen Aufträge.

Wenn du fertig bist, verabschiede ihn mit folgenden Worten:

– »Ich danke dem Lamm für dieses Geschenk. Ich bitte, daß er (Name des Boten) immer auf meinen Anruf erscheint und daß er mir bei der Realisierung meiner Aufgaben beisteht.«

Die Liebe

– »Mit dem Boten zu sprechen bedeutet nicht, ihn über die Welt der Geister auszufragen«, erklärte Petrus am folgenden Tag. – »Er hilft dir nur in der materiellen Welt. Und er kann dir nur dann eine Hilfestellung gewähren, wenn du genau weißt, was du willst.«
Wir machten in einem kleinen Städtchen Rast, um etwas zu trinken.
– »Du sagtest, daß sich mein Bote durch den Jungen manifestiert habe, weil er mir etwas mitteilen wollte.«
– »Ja, etwas Dringendes«, bestätigte Petrus.
Wir sprachen weiter über den Boten, Engel und Dämonen… Es fiel mir nicht leicht, eine so praktische Anwendung der Mysterien der Tradition anzunehmen. Petrus vertrat die Ansicht, daß man immer nach einer Belohnung trachten solle.
– »Jesus hat auch denjenigen belohnt, der die Talente seines Gebieters vermehrte. Man folgte ihm nicht nur, weil er ein guter Prediger war – er mußte Wunder vollbringen, um seine Anhänger zu entschädigen.«
– »In meiner Taverne darf niemand über Jesus lästern«, unterbrach ihn der Wirt, der unsere Unterhaltung mit angehört hatte.
– »Wir lästern nicht über ihn«, entgegnete Petrus.
– »Aber es ist eine Sünde, in seinem Namen zu töten, wie es hier auf dem Dorfplatz geschah.«
Der Besitzer zögerte einen Augenblick, bis er erwiderte:
– »Damit hatte ich nichts zu tun. Ich war damals noch ein Kind.«
– »Schuld sind bekanntlich immer die anderen«, konterte Petrus.

Der Wirt zog sich zurück. Ich wollte wissen, wovon die Rede war.
– »Vor etwa fünfzig Jahren wurde auf diesem Platz ein Zigeuner bei lebendigem Leibe verbrannt. Er hatte das heilige Abendmahl verspottet. Der Fall wurde durch die Greuel des spanischen Bürgerkrieges überdeckt und geriet in Vergessenheit. Nur nicht bei den Bewohnern dieser Stadt.«
– »Woher weißt du das alles, Petrus?«
– »Weil ich den Weg schon einmal zurückgelegt habe.«
Kurz darauf erschien der Wirt mit dem Gemeindepfarrer.
– »Wer seid ihr?« fragte der Pfarrer.
Petrus deutete auf die Muschel an der Außenseite seines Rucksacks. Seit zwölfhundert Jahren kehren Pilger auf dem Weg der großen Sehnsucht in dieser Taverne ein, und der Brauch verlangt, daß jeder Pilger mit Respekt aufgenommen wird.
Nun schlug der Geistliche einen salbungsvollen Ton an.
– »Wie ist es möglich, daß Pilger auf dem Jakobsweg über Jesus lästern?«
– »Niemand hat schlecht über Jesus geredet. Wir sprachen über die Verbrechen, die in seinem Namen begangen wurden. Wie etwa die Verbrennung des Zigeuners.«
Nun schien auch der Wirt versöhnlicher zu werden.
– »Der Fluch des Zigeuners liegt noch heute über uns«, sagte der Wirt unter dem mißbilligenden Blick des Pfarrers. Als Petrus mehr wissen wollte, lenkte der Pfarrer ab, daß es sich um Gerüchte handle, die keinerlei Unterstützung der Kirche fanden.
Doch der Wirt fuhr unbeirrt fort: – »Bevor der Zigeuner starb, sagte er, daß jeweils das jüngste Kind der Stadt seine bösen Geister übernehmen würde. Nach seinem Tod würden die Dämonen von einem anderen Kind Besitz ergreifen, und so würden die Dämonen über die Jahrhunderte hinweg in dieser Stadt existieren.«

– »Dieser Ort ist nicht anders als alle anderen der Umgebung. Während der Trockenzeit leiden wir, und bei Regen haben wir gute Ernten und können unsere Scheunen auffüllen. Diese Geister-Geschichte ist nichts als Phantasterei«, protestierte der Pfarrer.
– »Es ist nichts passiert, weil wir den Fluch isoliert haben«, entgegnete der Wirt.
– »Wir werden ihn aufsuchen«, verkündete Petrus. Der Pfarrer lachte, und der Wirt bekreuzigte sich. Aber keiner von beiden rührte sich vom Fleck.
Petrus zahlte und bat, daß man uns zu der Person bringen möge, auf der der Fluch lag. Der Pfarrer entschuldigte sich und ging, noch bevor wir etwas entgegnen konnten. Der Wirt musterte uns ängstlich, aber Petrus beschwichtigte ihn und bat, daß er uns lediglich das Haus zeigen möge, damit wir versuchen könnten, die Stadt von dem Fluch zu erlösen. Gemeinsam gingen wir auf die staubige, von der Nachmittagssonne aufgeheizte Landstraße. Der Wirt führte uns bis an den Stadtrand und deutete auf ein entfernt gelegenes Häuschen.
– »Wir schicken immer Essen, Wäsche und alles Nötige«, erklärte er. – »Aber nicht mal der Pfarrer geht dort hin.«
Wir verabschiedeten uns und gingen auf das Haus zu. Petrus klopfte an die Tür. Eine etwa sechzigjährige Frau öffnete uns. Neben ihr stand ein riesiger schwarzer Hund, der mit dem Schwanz wedelte und über den unerwarteten Besuch erfreut zu sein schien. Die Frau sagte, daß sie keine Zeit habe. Wahrscheinlich hatten schon viele Pilger, die nichts von dem Fluch wußten, an diese Tür geklopft, und um Quartier gebeten.
– »Wir sind Pilger auf dem Weg nach Compostela und bräuchten etwas heißes Wasser«, sagte Petrus. – »Ich bin sicher, daß Sie uns das nicht verweigern werden.«
Widerwillig ließ sie uns eintreten. Wir kamen in einen kleinen, sauberen, aber ärmlich eingerichteten Raum.

– »Ich habe ein bißchen kochendes Wasser in der Küche«, sagte sie. – »Ich hole ein Gefäß, und dann könnt ihr weiterziehen.« Die Frau schob Petrus in die angrenzende Küche. Ich blieb mit dem riesigen Hund allein zurück. Er wedelte immer noch freundlich mit dem Schwanz. Als die beiden zurückkamen, überreichte die Alte Petrus einen Topf mit heißem Wasser.
– »So, nun zieht in Gottes Namen weiter.«
Aber Petrus machte keinerlei Anstalten, aufzubrechen. Er holte ein Säckchen Tee aus dem Rucksack und sagte, daß er ihn gern mit ihr gemeinsam genießen und ihr seine Dankbarkeit für die Gastfreundschaft erweisen würde. Zögernd holte die Frau zwei Tassen und setzte sich mit Petrus an den Tisch. Ich sah wie gebannt auf den Hund, während ich der Unterhaltung lauschte.
– »Man erzählt im Dorf, daß auf diesem Haus ein Fluch läge«, sagte Petrus beiläufig. Ich fühlte, wie die Augen des Hundes zu leuchten begannen, als hätte er die Worte verstanden. Die Alte sprang auf.
– »Das ist eine Lüge! Das ist ein alter Aberglaube! Bitte trinken Sie aus, und gehen Sie, ich habe noch zu tun.«
Der Hund spürte die plötzliche Stimmungsschwankung und nahm eine drohende Haltung ein. Aber Petrus ließ sich nicht aus der Ruhe bringen. Langsam führte er die Teetasse zum Mund, nippte daran und stellte sie wieder ab.
– »Der Tee ist noch zu heiß, wir müssen warten«, sagte er.
Die Frau blieb stehen. Unsere Anwesenheit irritierte sie sichtlich. Sie bemerkte, daß ich den Hund anstarrte, und rief ihn an ihre Seite. Das Tier gehorchte, aber als es neben ihr stand, sah es mich wieder unverwandt an.
Da wurde mir plötzlich klar, daß mich der Hund seit unserer Ankunft mit seinen Augen hypnotisiert hatte. Der Hund starrte mich an und zwang mir seinen Willen auf. Eine große Müdigkeit überfiel mich, und ich verspürte den Drang zu schlafen. Alles schien mir sehr irreal, und ich

hatte das Gefühl, in eine Falle geraten zu sein. Je länger der Hund mich fixierte, desto müder wurde ich.

– »Laß uns gehen«, sagte Petrus. Er stand auf und reichte mir die Tasse. – »Trink, die Frau möchte uns loswerden.« Ich zögerte, hielt aber die Tasse fest, und der warme Tee belebte mich. Ich wollte etwas sagen, aber meine Stimme versagte. In meinem Innern war etwas erwacht, worauf mich Petrus nicht vorbereitet hatte, und es begann sich nun zu manifestieren. Es war ein unkontrollierter Drang, seltsame Worte zu sprechen, deren Sinn ich selbst nicht verstand. Alles schien in weiter Ferne zu sein. Eine Euphorie überkam mich, und ich beschloß, die seltsamen Worte, die mir in den Sinn kamen, laut auszusprechen.

Alles, was ich in diesem Raum wahrnehmen konnte, war der Hund. Als ich die unverständlichen Worte in einer warmen, melodischen Stimmlage artikulierte, begann er zu knurren. Er verstand also. Ich wurde noch erregter und sprach immer lauter. Der Hund fletschte die Zähne. Er war nicht mehr das friedliche Tier von vorhin, er wirkte bedrohlich, als würde er mich jederzeit angreifen. Ich wußte instinktiv, daß mich die Worte beschützten, und so wurde ich immer lauter. Ich fühlte eine innere Kraft, die verhinderte, daß mich das Tier angriff.

Von nun an schien sich alles in Zeitlupentempo abzuspielen. Die Frau stürzte sich schreiend auf mich und wollte mich rauswerfen. Petrus hielt sie zurück. Der Hund rührte sich nicht, fixierte mich weiterhin und knurrte. Ich versuchte, die fremde Sprache, die ich sprach, zu verstehen, aber immer wenn ich kurz innehielt, um über den Sinn nachzudenken, nahm die Kraft ab, und der Hund näherte sich und wurde stärker. Dann schrie ich die Worte, ohne mich um ihre Bedeutung zu kümmern. Die Frau schrie auch.

Als würde alles gleichzeitig geschehen, wurde das Haus plötzlich von einem kühlen Windstoß erfaßt, der Hund heulte und stürzte sich auf mich. Ich hob meinen Arm, um mein Gesicht zu schützen und rief ein Wort. Der Aufprall des Hundes war so gewaltig, daß ich rückwärts auf das Sofa fiel. Für einige Augenblicke starrten wir uns an, dann sprang der Hund auf und lief davon.

Ich begann zu schluchzen. Ich dachte an meine Familie, meine Frau und meine Freunde, und ein starker Liebesstrom durchflutete mich. Petrus ergriff meinen Arm und führte mich hinaus. Ich blickte mich verwirrt um, aber vom Hund war nichts mehr zu sehen.

Meine Erinnerung kam erst zurück, als wir an einer Quelle saßen und Petrus mein Gesicht und meinen Nakken mit Wasser kühlte. Ich wollte etwas trinken, aber Petrus hielt mich davon ab. Mir war etwas übel, aber ansonsten ging es mir gut. Eine unendliche Liebe für alles und alle durchflutete mich. Ich fragte, ob wir weit von dem Haus entfernt seien, und er antwortete, daß wir fünfzehn Minuten gegangen waren.

– »Du willst sicher wissen, was vorgefallen ist«, meinte Petrus.

Im Grunde war es mir egal. Ich fühlte mich durch die starke Liebe, die mich durchströmte, beseelt. Der Hund, die Frau, der Wirt, alles schien in weite Ferne gerückt zu sein und hatte keine Beziehung zu dem, was ich jetzt fühlte. Ich sagte Petrus, daß ich gern noch ein bißchen gehen würde, weil ich mich so wohl fühlte.

Für den Rest des Tages erfüllte mich ein angenehmes Gefühl. Ich sah in den Bergen, den Bächen, den Blumen und Vögeln das Antlitz meines Engels.

Gegen acht Uhr abends kamen wir in ein Hotel, und ich befand mich immer noch in diesem Zustand der Glückseligkeit, allerdings leicht abgeschwächt. Als ich meinen Paß vorzeigte, bemerkte der Hotelier, daß er auch schon in Brasilien gewesen sei und Rio kenne.

Diese absurde Bemerkung holte mich in die Gegenwart

zurück. Mitten auf dem Jakobsweg, in einem vor vielen Jahrhunderten erbauten Dorf, gab es einen Hotelbesitzer, der Rio kannte.

– »Jetzt bin ich für eine Unterhaltung bereit«, sagte ich an Petrus gewandt. – »Ich möchte alles wissen, was heute vorgefallen ist.«

– »Nach dem Essen«, antwortete er.

Das Glücksgefühl war verschwunden, und mein Verstand meldete sich. Die Ängste vor dem Unbekannten und der Drang, alles unter Kontrolle zu bekommen, wurden stärker.

Petrus fragte, an was ich mich erinnern konnte, und ich entgegnete, daß ich noch alles wußte, was im Haus geschehen war. Nur an den Fußmarsch vom Haus zur Wasserquelle konnte ich mich nicht erinnern.

– »Das ist unwichtig«, meinte er. – »Als ich gestern die Macht deines Boten spürte, wußte ich, daß dir der Jakobsweg einen Kampf bescheren würde. Du bist hier, um dein Schwert zu finden und die Lektionen von RAM zu erlernen. Aber immer wenn ein Führer einen Pilger begleitet, gibt es eine Situation, die der Kontrolle beider entgleitet und einen praktischen Test darstellt. In deinem Fall war es die Begegnung mit dem Hund.

Einzelheiten des Kampfes und den Grund, warum viele Dämonen ein Tier bevorzugen, werde ich dir später erläutern. Wichtig ist im Moment, daß du verstehst, daß diese arme Frau schon an den Fluch gewöhnt war. Sie hatte sich damit abgefunden wie mit etwas Selbstverständlichem. Sie hat gelernt, sich mit sehr wenig zu begnügen, obwohl das Leben großzügig ist und uns immer viel bieten möchte.

Als du die bösen Geister aus der armen Alten vertrieben hast, hast du ihre ganze Welt erschüttert. Erst kürzlich sprachen wir von der Grausamkeit, die man sich selbst zufügt. Oft, wenn wir auf das Gute im Leben aufmerksam machen, wird es abgelehnt, als handle es sich um Teufelswerk. Niemand möchte zuviel vom Leben erwarten, um nicht enttäuscht zu werden. Aber wer die Auseinandersetzung nicht scheut, der muß das Leben wie einen großen Schatz betrachten, der entdeckt und erobert werden will.«

Dann fragte Petrus, ob ich wüßte, was auf dem Weg der großen Sehnsucht mit mir geschieht.

– »Ich suche mein Schwert«, antwortete ich.

– »Und wozu brauchst du das Schwert?«

– »Es verleiht mir Macht und die Weisheit der Tradition.«

Ich merkte, daß ihm diese Antwort mißfiel. Aber er fuhr fort: – »Du bist auf der Suche nach einer Belohnung. Du wagst es zu träumen und setzt alles daran, den Traum zu erfüllen. Du mußt nur noch besser erkennen lernen, was du mit dem Schwert anfangen sollst, und das sollte noch geklärt werden, bevor wir zu ihm kommen. Nur eines zählt für dich: Du erwartest eine Belohnung. Du machst diesen Weg, weil du für deine Mühe eine Belohnung erwartest. Ich habe bemerkt, daß du alles anwendest, was ich dich lehrte. Das ist gut so. Nun fehlt nur noch, daß du die Übungen von RAM mit eigenen Inhalten füllst. Nur die Sprache deines Herzens wird dir die Bestimmung deines Schwertes verraten. Sonst werden sich die Übungen von RAM in der unnützen Weisheit der Tradition verlieren.«

Petrus hatte mir das vorher schon auf andere Weise deutlich gemacht, doch es war nicht das, was ich eigentlich wissen wollte. Zwei Dinge waren geschehen, die ich mir nicht erklären konnte: Ich hatte in einer fremden Sprache gesprochen –, und ich hatte das überwältigende Gefühl von Seligkeit empfunden, nachdem ich den Hund vertrieben hatte.

– »Das Glücksgefühl entstand, weil du von ›Agape‹ berührt wurdest.«

– »Du sprichst immer von Agape, aber bisher hast du mir

nicht erklärt, was das ist. Ich vermute, daß es sich um eine höhere Form der Liebe handelt.«

– »Genau das. Bald wird der Moment kommen, in dem du diese Liebe erfahren wirst, die den Liebenden verzehrt. Bis dahin begnüge dich damit, daß sie sich in dir manifestiert.«

Ich hatte früher schon manchmal dieses Gefühl verspürt. Es überkam mich immer nach einem Erfolg, oder wenn das Schicksal es gut mit mir meinte. Aber immer hatte ich Angst, dieses Glücksgefühl auszuleben, um ja nicht den Neid der anderen zu provozieren, oder als sei ich dessen nicht würdig.

– »Bevor wir Agape kennen, geht es uns allen gleich«, fuhr Petrus fort.

Dann fragte ich ihn nach der fremden Sprache.

– »Das war auch für mich eine Überraschung. Dabei handelt es sich um eine himmlische Gabe, die zu den Einweihungen auf dem Weg nach Rom gehört.

Diese Fähigkeiten des Geistes können sich in den Menschen manifestieren. Es gibt verschiedene Gaben: die Gnade des Heilens, der Wunder, der Prophetie, der fremden Sprachen, des medialen Schreibens und einiges mehr. Du hast, wie seinerzeit die Apostel zu Pfingsten, die Gabe des ›Zungenredens‹ erfahren. Diese Gabe ist unmittelbar mit der göttlichen Geisteskraft verbunden. Sie wirkt bei machtvollen Gebeten, Exorzismus – wie in deinem Fall – und Weisheit. Die Tage der Wanderschaft und die Lektionen von RAM sowie die Begegnung mit dem Hund haben in dir diese Gabe erweckt. Sie wird sich nicht wiederholen, es sei denn, du findest dein Schwert und entscheidest dich, die Wallfahrt nach Rom zu machen. Jedenfalls war es ein gutes Omen.

Und noch etwas», fuhr Petrus fort. – »Es ist möglich, daß dir der Hund noch einmal begegnet. Dann versuche nicht, die Gabe des Zungenredens erneut zu wecken. Verlaß

dich lieber auf das, was dir deine Intuition rät. Ich werde dir eine neue Lektion von RAM beibringen, die diese Intuition erwecken hilft. So wirst du die geheime Sprache deines Geistes kennenlernen, und sie wird dir in jedem Moment deines Lebens von großem Nutzen sein.«
Für einige Minuten schwiegen wir beide. Die Stille der Nacht umfing uns, und die Milchstraße am Himmel erinnerte mich an mein Ziel: das Schwert zu finden.
Dann lehrte mich Petrus die *Übung des Wassers.*
– »Ich bin jetzt müde und ziehe mich zurück«, sagte er.
– »Aber wende die Übung gleich an, um deine verborgene Seite zu wecken. Und schalte deinen Verstand aus. Das Wasser ist ein fließendes Element, das sich nicht so leicht beherrschen läßt. Aber es wird allmählich eine neue Verbindung zwischen dir und dem Universum herstellen.«
Ich genoß weiterhin die Frische der Nacht. Das Hotel lag ganz isoliert, und weit und breit war niemand zu sehen. Langsam wurde ich müde und beschloß, die Übung auszuführen. Ich schüttete ein wenig Wasser aus meiner Flasche auf dem Zementboden aus, so daß sich eine Lache bildete. Meine Finger glitten durch das kühle Naß, und ich fühlte mich seltsam entrückt, als würde ich in ein Feuer starren. Ich dachte an gar nichts und spielte mit der Pfütze. Ich malte einige Striche, und die Lache schien sich in eine nasse Sonne zu verwandeln, aber die Striche verschmolzen ineinander. Dann schlug ich mit offener Handfläche in das Wasser, so daß sich der graue Zementboden mit schwarzen Sternen bedeckte. Ich gab mich völlig dieser unsinnigen Übung hin, die keinerlei Sinn ergab, aber dennoch Spaß machte. Ich merkte, wie mein Verstand völlig ausgelöscht war, ein Zustand, den ich sonst nur in der Meditation erreichte. Irgend etwas in meinem Innern sagte mir, daß sich eine Kraft entfaltete, die kurz vor dem Ausbruch stand.

Wenn Petrus mir diese Übung zu Beginn unserer Wanderschaft gezeigt hätte, so hätte ich es als Zeitverschwendung empfunden. Aber jetzt, nachdem ich eine fremde Sprache gesprochen und böse Geister vertrieben hatte, stellte diese Wasserlache eine – wenn auch schwache – Verbindung zur Milchstraße her. Die Pfütze reflektierte die Sterne und gab mir das Gefühl, einen neuen Kommunikationscode mit dem Universum herzustellen. Den geheimen Code der Seele, dem wir so wenig Bedeutung beimessen.
Plötzlich merkte ich, daß es schon sehr spät war. Die Eingangs-Beleuchtung war erloschen, und ich schlich leise auf mein Zimmer. Dort rief ich noch meinen Boten an. Er erschien mir ganz deutlich, und ich erzählte ihm von meinem Schwert und meinen Lebenszielen. Er antwortete nicht, aber Petrus hatte versichert, daß er im Laufe der Zeit eine mächtige, lebendige Gegenwart an meiner Seite würde.

Die Wasser-Übung
oder
Die Erweckung der Intuition

Schütte Wasser auf eine glatte Oberfläche. Schau eine Zeitlang in diese Wasserpfütze. Dann beginne mit ihr zu spielen, ohne Verpflichtung und ohne Ziel. Zeichne Figuren, die nichts zu bedeuten haben. Wiederhole diese Übung eine Woche lang, mindestens zehn Minuten täglich.

Suche nach keinen praktischen Ergebnissen bei dieser Übung, denn sie soll nach und nach deine Intuition erwecken. Wenn diese sich dann über den ganzen Tag hinweg zu manifestieren beginnt, schenke ihr Vertrauen.

Die Hochzeit

Logrono ist eine der größten Städte, die am Jakobsweg liegen. Zuvor waren wir an Pamplona vorbeigegangen, aber wir hatten nicht dort übernachtet. Am Tag unserer Ankunft in Logrono bereitete sich die Stadt gerade auf ein großes Fest vor, so daß Petrus vorschlug, wenigstens diese Nacht hierzubleiben.

Nachdem ich mich an die Stille und die Freiheit des Feldes gewöhnt hatte, schien mir diese Idee nicht sonderlich verlockend. Fünf Tage waren seit dem Zwischenfall mit dem Hund vergangen, und ich rief jede Nacht meinen Boten an und führte täglich die Wasserübung durch. Ich fühlte mich immer ruhiger, und die Bedeutung dieser Wanderschaft wurde mir immer bewußter. Trotz der Kargheit der Landschaft, der mangelhaften Verpflegung und der Anstrengung lebte ich doch einen wahrhaftigen Traum aus.

Nach der Ankunft in Logrono schien das alles weit in die Ferne zu rücken. Die Stadt war voll Autos, Journalisten und Fernsehteams. Petrus erkundigte sich in einer Taverne, was los war.

– »Wissen Sie das nicht? Heute ist die Hochzeit der Tochter des Oberst M.«, antwortete der Mann. – »Es gibt ein großes öffentliches Bankett auf dem Platz, deshalb schließe ich heute früher.«

Es war unmöglich, ein Hotelzimmer zu finden. Aber ein älteres Ehepaar, das uns als Pilger erkannte, nahm uns auf. Ich duschte und zog meine lange Hose an, bevor wir auf den Platz gingen.

Mehrere Dutzend in Schwarz gekleidete Angestellte

deckten die langen Tische, die auf dem Platz standen. Das spanische Fernsehteam nahm die Vorbereitungen auf. Wir gingen durch eine kleine Gasse zur Pfarrkirche Santiago El Real, wo die Trauung stattfinden sollte.
Gutgekleidete Menschen, Frauen, deren Schminke bei der Hitze zu zerlaufen drohte, und Kinder in Weiß mit zornigen Gesichtern strömten in die Kirche. Einige Feuerwerkskörper explodierten am Himmel, und eine große schwarze Limousine fuhr vor das Hauptportal. Es waren der Bräutigam mit Begleitung. Petrus und ich fanden keinen Platz in der dichtbesetzten Kirche, und wir gingen zum Platz zurück.
Während Petrus eine Runde drehte, nahm ich auf einer Bank Platz. Neben mir wartete ein Popcornverkäufer auf seinen Sonderumsatz.
– »Sind Sie auch ein Gast?« fragte der Mann.
– »Nein, wir sind Pilger auf dem Weg nach Compostela.«
– »Von Madrid aus gibt es eine direkte Zugverbindung dorthin, und freitags ist noch eine Gratisübernachtung inbegriffen.«
– »Aber wir machen eine Wallfahrt«, entgegnete ich.
Der Verkäufer musterte mich interessiert und meinte vorsichtig: – »Wallfahrten sind etwas für Heilige.«
Ich zog es vor, nichts zu erwidern. Der Mann erzählte, daß er seine Tochter schon vor langem verheiratet habe, aber daß sie heute wieder getrennt von ihrem Mann lebe.
– »Zu Zeiten Francos gab es viel mehr Achtung vor der Familie«, sagte er.
Obwohl es nicht angebracht ist, in einem fremden Land über Politik zu diskutieren, konnte ich mich einer Bemerkung nicht enthalten. Ich sagte, daß Franco ein Diktator gewesen sei und daß zu seiner Zeit nichts besser sein konnte.
Der Alte errötete.
– »Wer sind Sie, um das behaupten zu können?«

– »Ich habe viel über die Geschichte Ihres Landes und über den Kampf des Volkes für die Freiheit gelesen. Ich habe einiges über die Greuel des spanischen Bürgerkrieges erfahren.«
– »Ich habe an diesem Krieg teilgenommen, und meine Familie hat bei diesem Krieg viel Blut vergossen. Was Sie gelesen haben, interessiert mich nicht – mich interessiert nur, was in meiner Familie passiert. Ich habe gegen Franco gekämpft, aber nachdem er gesiegt hatte, wurde mein Leben angenehmer. Die sozialistische Regierung hat mir keine Vorteile verschafft. Jetzt geht es mir schlechter als früher.«
Ich dachte an Petrus, der gesagt hatte, daß sich die Menschen mit sehr wenig begnügen. Aber ich wollte mich in keine Diskussion einlassen und setzte mich auf eine andere Bank. Petrus nahm neben mir Platz.
Wieder wurden einige Feuerwerkskörper entzündet. Eine Musikkapelle stieg auf eine Tribüne und stimmte die Instrumente. Das Fest mußte jeden Moment beginnen. Ich schaute zum Himmel empor. Langsam wurde es dunkel, und einige Sterne glitzerten am Firmament. Petrus ging zu einem Kellner und holte zwei Plastikbecher mit Wein.
– »Es soll Glück bringen, schon vor dem Fest zu trinken«, sagte er und reichte mir einen Becher. – »Trink, damit du den Popcornverkäufer vergißt.«
Ich hatte Petrus von unserer Unterhaltung erzählt.
– »Das war eine symbolische Botschaft für ein Fehlverhalten. Wir suchen immer Verbündete für unsere Wahrheiten. Wir meinen, daß die Anzahl der Menschen, die an die gleichen Dinge glauben wir wir, diese Dinge zur Realität werden läßt. Aber das stimmt nicht.
Sieh dich um. Ein großes Fest steht bevor. Viele Dinge werden gleichzeitig gefeiert: der Traum des Vaters, der seine Tochter verheiraten wollte, der Traum der Tochter,

die sich einen Mann gewünscht hat, und der Traum des Bräutigams. Das ist gut so, denn sie glauben an ihre Träume und wollen allen zeigen, daß sie ihr Ziel erreicht haben. Das ist kein Fest, bei dem jemand zu etwas überzeugt werden soll, und darum wird es ein fröhliches Fest.«

– »Aber du versuchst mich zu überzeugen, Petrus. Du führst mich auf dem Weg der großen Sehnsucht.«

Er musterte mich kühl.

– »Ich lehre dich die Lektionen von RAM. Aber du wirst erst zu deinem Schwert finden, wenn du entdeckst, daß allein in deinem Herzen der Weg, die Wahrheit und das Leben liegt.«

Petrus deutete zum Himmel, wo die Sterne schon gut sichtbar waren.

– »Die Milchstraße weist uns den Weg nach Compostela. Jeder Stern – wie auch jeder Mensch – hat seinen eigenen Raum und seine Eigenschaften. Es gibt grüne, gelbe, blaue, rosa und weiße Sterne, es gibt Kometen, Meteoren und Meteoriten. Was von hier unten wie eine Menge kleiner Punkte aussieht, sind Millionen verschiedener Dinge in einem unendlichen Raum.«

Wieder explodierte ein Feuerwerkskörper. Eine Kaskade von leuchtenden bunten Sternen regnete über den Himmel.

– »Vorhin haben wir nur den Lärm der Explosion gehört, weil es Tag war. Jetzt können wir die Lichter sehen«, sagte Petrus. – »Das ist die einzige Veränderung die der Mensch anstreben kann.«

Das Brautpaar verließ die Kirche, und die Leute warfen Reis und jubelten. Die Braut war ein mageres, etwa siebzehnjähriges Mädchen. Der junge Mann an ihrer Seite trug eine Galauniform.

– »Sieh dir den Bräutigam an ... Toll das Brautkleid ... Ist sie nicht wunderschön?« tuschelten ein paar Mädchen in unserer Nähe. Die Hochzeitsgäste umringten die Tische, die Kellner verteilten Wein, und die Musikkapelle begann zu spielen. Der Popcornverkäufer war gleich von einer Schar fröhlicher Kinder umzingelt. Zumindest für diese Nacht existierte der Rest der Welt nicht für die Einwohner von Logrono.

Ein Fernsehteam kam auf uns zu, und Petrus verbarg sein Gesicht. Aber sie beachteten uns gar nicht und gingen zu einem Mann, der hinter uns Platz genommen hatte. Ich erkannte ihn sogleich: es war Manolo, der Trommler der Fußballfans, der bei der Weltmeisterschaft in Mexico bekannt geworden war. Als das Interview beendet war, wandte ich mich an ihn. Ich stellte mich als Brasilianer vor, und er gab sich empört, weil er der Meinung war, daß den Brasilianern bei jener Weltmeisterschaft zu Unrecht ein Tor gegen die Spanier zugesprochen worden war. Aber dann umarmte er mich und meinte, daß Brasilien bald wieder die besten Spieler der Welt haben würde.

– »Wie können Sie das Spiel verfolgen, wenn Sie immer mit dem Rücken zum Spielfeld stehen?« wollte ich wissen.

– »Es macht mir Spaß, die Fans anzufeuern, an den Sieg ihrer Mannschaft zu glauben. Fans ohne Begeisterung können eine überlegene Mannschaft um den Sieg bringen.«

Manolo wurde von anderen Leuten umringt, aber ich dachte über seine Worte nach. Auch er glaubte an den guten Kampf, an die Auseinandersetzung.

Ich bemerkte, daß sich Petrus entfernt hatte. Er fühlte sich offensichtlich durch die Fernsehübertragung gestört. Erst als die Scheinwerfer erloschen, kam er zwischen den Bäumen hervor und entspannte sich.

Wir holten uns zwei weitere Weinbecher, und ich füllte einen Teller mit Leckerbissen. Petrus entdeckte zwei freie Plätze an einem Tisch.

Das Brautpaar schnitt eine riesige Hochzeitstorte an.

– »Sie müssen sich sehr lieben«, dachte ich laut.

– »Natürlich lieben sie sich«, meinte ein Herr im dunklen Anzug, der an unserem Tisch saß. – »Warum sollten sie sonst heiraten?«
– »An welche Art der Liebe denken Sie denn: Eros, Philos oder Agape?« Petrus konnte sich diese Bemerkung nicht verkneifen.
Der Mann sah ihn verständnislos an. Petrus erhob sich und forderte mich zu einem Spaziergang auf.
– »Es gibt drei griechische Bezeichnungen für die Liebe«, begann er. – »Heute hast du die Auswirkung von Eros erlebt. Das Gefühl, das zwischen dem Brautpaar herrscht, wird von Eros bestimmt.«
Das Paar posierte für Fotos und nahm Gratulationen entgegen.
– »Sie scheinen sich zu lieben«, fuhr er fort. – »Und sie glauben, daß die Liebe etwas ist, was mit der Zeit zunimmt. Nun beginnt für sie der gemeinsame Lebenskampf, sie werden am gleichen Abenteuer teilnehmen. Das festigt die Liebe und macht sie würdig. Er wird Karriere in der Armee machen, und sie führt den Haushalt. Seit ihrer Kindheit wurde sie darauf vorbereitet, eine gute Hausfrau zu sein. Sie werden Kinder haben, und wenn sie fühlen, daß sie gemeinsam etwas aufbauen, dann nehmen sie auch an einem guten Kampf teil. Aber der Lauf der Dinge kann plötzlich auch eine böse Wendung nehmen. Er könnte sich eingeengt fühlen und ist dann nicht in der Lage, seinen ganzen Eros in der Ehe auszuleben. Oder aber die Frau ist der Überzeugung, daß sie ihr Leben für die Ehe geopfert hat. In beiden Fällen fühlen sich die Eheleute betrogen. Eros, der Geist, der sie vereint hat, wird dann seine Schattenseiten zeigen. Und das, was Gott dem Menschen als sein edelstes Gefühl mitgab, wird zur Quelle des Hasses und der Zerstörung.«
Ich sah mich um. Eros war in einigen Paaren vorhanden. Die Wasser-Übung hatte die Stimme meines Herzens ge-

weckt, und ich begann, die Leute anders zu sehen. Vielleicht haben mich auch die einsamen Tage in der Natur oder die anderen Lektionen von RAM hellhörig und sensibler gemacht. Jedenfalls konnte ich das Vorhandensein von gutem oder schlechtem Eros erkennen.
– »Beachte, wie kurios es ist«, sagte Petrus, der die gleichen Gedanken hatte. – »Ob schlecht oder gut – der Eros wirkt sich bei jeder Person anders aus. Und niemand bleibt davon verschont. Alle sehnen sich nach seiner Gegenwart – obwohl er oftmals bewirkt, daß wir uns der Welt entziehen und in die Einsamkeit flüchten.«
Die Musik spielte einen Walzer, und die Paare drängten auf die Tanzfläche vor der Tribüne. Der Alkohol begann seine Wirkung zu zeigen, und alle waren lustig und erhitzt. Ich beobachtete ein Mädchen in einem blauen Kleid. Es hatte wohl schon sehnlichst auf diesen Augenblick gewartet und hoffte, von jemandem, den sie vergötterte, zum Tanzen aufgefordert zu werden. Ihr Blick hing an einem gutgekleideten Jüngling, der in einem Kreis von Freunden stand. Sie unterhielten sich angeregt und hatten gar nicht bemerkt, daß der Tanz eröffnet worden war und daß ein paar Meter entfernt ein Mädchen sehnsüchtig auf einen Kavalier wartete.
Das Mädchen fühlte meinen Blick und entfernte sich von der Tanzfläche. In diesem Moment wurde der Jüngling auf sie aufmerksam und sah ihr nach. Als er registierte, daß sie sich zu anderen Mädchen gesellte, setzte er die Unterhaltung mit seinen Freunden fort.
Ich machte Petrus auf die beiden aufmerksam. Er verfolgte einige Zeit den Blickwechsel zwischen dem jungen Paar und kommentierte: – »Sie verhalten sich so, als wäre es eine Schwäche, die Liebe, die sie füreinander empfinden, zu zeigen.«
An Petrus' Stimme bemerkte ich, daß ihm der Wein zu Kopf gestiegen war.

– »Heute wollen wir von Liebe sprechen!« sagte mein Führer mit erhobener Stimme. – »Wir werden von der wahren Liebe sprechen, von jener Liebe, die die Welt bewegt und den Menschen Weisheit verleiht.«
Eine elegante Dame in unserer Nähe schien dem Fest keinerlei Beachtung zu schenken. Sie ging von Tisch zu Tisch, um nach dem Rechten zu sehen.
– »Beobachte die Frau, die nicht aufhört, die Bestecke und Gläser zu ordnen«, empfahl Petrus. – »Wie ich schon erwähnte, gibt es viele Gesichter von Eros, und das ist eines davon. Es ist die unerfüllte Liebe, die durch das fremde Leid genährt wird. Sie wird dem Brautpaar gratulieren, aber im stillen wird sie denken, daß die beiden gar nicht zueinander passen. Sie versucht ihre Umwelt in Ordnung zu halten, weil sie selbst in Unordnung ist.« Er deutete auf ein Paar. Die Frau war übertrieben geschminkt und hatte gebleichtes Haar. – »Dort drüben erkennst du den resignierten Eros – die gesellschaftliche Liebe. Dabei empfinden die Menschen nichts füreinander – sie haben den guten Kampf aufgegeben.«
– »Du klingst ziemlich verbittert, Petrus. Gibt es denn niemanden mit gutem Eros?«
– »Doch, natürlich! Das Mädchen im blauen Kleid und die tanzenden Jugendlichen. Wenn sie sich nicht von der Heuchelei anstecken lassen, die die ältere Generation beherrscht, dann wird die Welt sicher besser.« Er deutete auf ein älteres Ehepaar an einem der Tische. – »Die beiden haben sich nicht von der Heuchelei anstecken lassen wie so viele andere. Sie scheinen einfache Bauern zu sein. Der Hunger und die Entbehrungen haben sie zusammengeschweißt. Aus der Arbeit konnten sie die Kraft der Liebe schöpfen. Bei ihnen zeigt sich Eros von der schönsten Seite, weil er mit Philos vereint ist.«
– »Und was ist Philos?«
– »Philos ist die Liebe, die aus Freundschaft entsteht.

Wenn die Flamme von Eros erlischt, hält Philos die Partner zusammen.«
– »Und Agape?«
– »Jetzt ist nicht der geeignete Moment, um von Agape zu sprechen. Agape ist in Eros und Philos enthalten, aber das sind nur Worte. Laß uns das Fest genießen, ohne die allumfassende Liebe zu berühren.« Petrus schenkte nochmals Wein nach.
In dieser Nacht schien mir Petrus ein ganz gewöhnlicher Mensch zu sein. Er war äußerst gesellig und unterhielt sich mit jedem, der ihm Aufmerksamkeit schenkte. Bald war er so beschwipst, daß ich ihn am Arm nehmen mußte, um ihn ins Hotel zu führen. Unterwegs wurde mir bewußt, daß ich meinen Führer führte. Mir wurde klar, daß er in keinem Moment unserer Wanderschaft den Eindruck erweckt hatte, weiser, frommer oder besser zu sein als ich. Alles, was er tat, war, mir seine Erfahrungen mit den Lektionen von RAM zu vermitteln. Ansonsten legte er Wert darauf, sich als ein Mann wie jeder andere zu geben, der Eros, Philos und Agape fühlte.
Diese Erkenntnis bewirkte, daß ich mich stärker fühlte. Der Jakobsweg gehört den gewöhnlichen Menschen.

Die Begeisterung

– »Selbst wenn ich die Sprache der Menschen und der Engel spräche; selbst wenn ich die Gabe der Prophetie besäße und einen Glauben hätte, der Berge versetzt, ohne die Liebe wäre ich nichts.«
Petrus zitierte wieder den Apostel Paulus, der für ihn der große Interpret der Heilsbotschaft Christi war. An diesem Nachmittag angelten wir, nachdem wir den ganzen Vormittag marschiert waren. Bisher hatte noch kein Fisch angebissen, aber das störte Petrus nicht. Für ihn war das Angeln eine symbolische Handlung, die die Beziehung zwischen den Menschen und der materiellen Welt ausdrückte: Wir wissen, was wir wollen, und wir werden es auch erreichen, wenn wir genügend Ausdauer haben. Der Zeitpunkt jedoch, an dem wir das Ziel erreichen, wird von Gott bestimmt.
– »Es ist immer sinnvoll, vor einer wichtigen Entscheidung etwas Bedächtiges oder Kontemplatives zu tun«, erklärte er. – »Die Zen-Mönche lauschten den Botschaften der Felsen. Ich fische lieber.
Doch bei dieser Hitze hatten selbst die roten, faulen Fische keine Lust anzubeißen. Daher gab ich auf und unternahm einen kleinen Spaziergang. Ich ging zu einem alten verlassenen Friedhof in der Nähe des Flusses. Ein riesengroßes Portal führte zu dem Gottesacker.
Als ich meinen Spaziergang beendet hatte, fragte ich Petrus nach der Bedeutung des Portals.
– »Es gehörte zu einem alten Pilgerspital«, erzählte er.
– »Als das Hospital aufgegeben wurde, hat man den Garten als Friedhof genutzt.«

– »Er ist ebenfalls verlassen.«
– »Das stimmt. Die Dinge in dieser Welt sind vergänglich.«
Ich sagte ihm, daß er auf dem Fest sehr hart in der Beurteilung der Menschen gewesen sei. Das überraschte ihn, und er meinte, daß wir alle die verschiedenen Aspekte von Eros in unserem Leben erfahren hätten. Wir alle suchen nach Eros, und wenn dieser sich in Philos umwandeln möchte, meinen wir, daß die Liebe unnütz sei. Ohne zu bemerken, daß gerade Philos uns zu der höchsten Form der Liebe erhebt, zu Agape.
– »Erzähl mir mehr über Agape«, bat ich.
– »Über Agape kann man nicht sprechen, sie muß gelebt werden. Möglicherweise zeige ich dir noch an diesem Tag eines der Gesichter von Agape, aber dazu brauchen wir die Unterstützung des Universums. Der Bote hilft dir, aber es gibt etwas, was außerhalb seiner und deiner Möglichkeiten liegt.«
– »Und was ist das?« wollte ich wissen.
– »Der göttliche Funke – das, was man als Glück bezeichnet.«
Als die Sonne schwächer wurde, nahmen wir unsere Wanderschaft wieder auf. Der Jakobsweg führte durch einige Weinberge, in denen sich zu dieser Tageszeit kein Mensch aufhielt.
Wir überquerten die Hauptstraße und gingen bergab bis zu einem kleinen Bach. Wir wateten durch den Bach und stiegen auf der anderen Seite mit viel Mühe wieder bergauf. Dieser Bach muß einst ein reißender Fluß gewesen sein, der sich tief in die Erde eingegraben hatte. Jetzt war er nur noch ein schmales Rinnsal.
– »Alles ist vergänglich«, hatte Petrus vor kurzem gesagt.
– »Petrus, hast du schon viel geliebt?« Die Frage kam mir spontan in den Sinn, und ich erschrak selbst über

meine Kühnheit. Bisher wußte ich nur das Wesentliche aus dem Privatleben meines Führers.

– »Ich hatte schon viele Frauen, wenn du das meinst. Und ich habe sie alle geliebt, aber nur bei einer hatte ich das Gefühl von Agape.«

Ich erzählte ihm, daß auch ich schon viele Frauen geliebt hätte, aber jetzt verheiratet sei, weil ich Angst hätte, im Alter einsam zu sein.

– »Dann hättest du genausogut eine Krankenschwester engagieren können«, meinte er lachend. – »Jedenfalls habe ich nicht das Gefühl, daß du in der Liebe eine Altersversorgung suchst.«

Gegen neun Uhr abends setzte die Dämmerung ein. Die Weinberge lagen hinter uns, und wir befanden uns in einer kargen Landschaft. In der Ferne erkannte ich eine kleine Einsiedelei. Wir wandten uns von den gelben Wegmarkierungen ab und gingen auf das kleine Gebäude zu. Als wir uns näherten, rief Petrus einen Namen. Er erhielt keine Antwort.

– »Laß uns trotzdem zum Haus gehen«, schlug Petrus vor. Die Hütte war weiß getüncht, und eine niedrige Klapptür führte ins Innere. In der Mitte des Raums befand sich eine gemauerte Feuerstelle. Einige Gefäße standen auf dem Boden. Zwei waren mit Kartoffeln und Getreide gefüllt. Wir setzten uns schweigend auf den Boden. Ich war ziemlich erschöpft von dem langen Marsch, aber im Innern dieser Behausung befiel mich eine seltsame Erregung.

– »Wer immer hier wohnen mag, wo schläft er denn?« durchbrach ich die Stille.

– »Dort, wo du jetzt sitzt«, antwortete Petrus und deutete auf den nackten Boden.

Wir warteten fast eine Stunde. Zwischendurch rief Petrus mehrmals den Namen, aber er erhielt keine Antwort. Als ich schon glaubte, daß wir uns wieder auf den Weg machen würden, begann er zu reden: – »Hier ist eine der beiden Manifestationen von Agape zu Hause. Es ist nicht die einzige, aber die reinste Form von Agape. Die totale Liebe verzehrt denjenigen, der sie empfindet. Jesus hat der Menschheit eine solche Liebe entgegengebracht – seine Liebe war so groß und umfassend, daß sie den Lauf der Weltgeschichte veränderte.

Während der Jahrtausende der Zivilisationsgeschichte sind viele Menschen von dieser allumfassenden Liebe berührt worden. Sie hatten unendlich viel zu geben – doch die Welt hat so wenig angenommen –, so daß sie gezwungen waren, sich in die Wüste oder in Einsiedeleien zurückzuziehen. Die Liebe hat sie der Menschheit entrückt. Es sind die heiligen Eremiten, wie wir sie heute kennen.

Für mich und für dich mag diese Art zu leben sehr hart und entbehrungsreich erscheinen, aber Agape bewirkt, daß alles andere an Bedeutung verliert. Diese Menschen leben nur, um von ihrer Liebe verzehrt zu werden.«

Petrus erzählte mir, daß hier ein Mann namens Alfonso lebte. Er hatte ihn auf seiner ersten Pilgerreise kennengelernt. Sein Führer – ein erleuchteter Mann – war ein Freund von Alfonso gewesen. Zu dritt hatten sie das *Agape-Ritual* oder die *Übung des blauen Globus* durchgeführt. Petrus sagte, daß dies eines der eindrucksvollsten Erlebnisse seines bisherigen Lebens gewesen sei und daß er bis heute bei dieser Übung immer an Alfonso denken mußte. In seiner Stimme schwang eine Erregung mit, die ich zum ersten Mal bei ihm bemerkte.

– »Du hast bis jetzt viel gelernt – du kannst deine Geburt erneut erleben, beherrschst die Grausamkeits-Übung und hast den Kontakt zu deinem Boten hergestellt –, aber all das Nützliche, das du dem Jakobsweg entnimmst, hat nur Bestand, wenn dich die allumfassende Liebe berührt.«

Ich erinnerte Petrus daran, daß er behauptet hatte, es

gäbe zwei Arten von Agape und er wahrscheinlich diese Form der Liebe selbst noch nicht erfahren hätte, weil er kein Eremit sei.
– »Du hast recht. Die meisten Pilger, die den Weg der großen Sehnsucht nach der Tradition von RAM zurücklegen, erfahren Agape in ihrer anderen Form: der Begeisterung.
Begeisterung heißt Enthusiasmus, Hingabe, Verbindung mit Gott. Wir alle kennen das. Wenn wir lieben und aus tiefster Seele an etwas glauben, fühlen wir uns stark und sind davon überzeugt, daß nichts unseren Glauben erschüttern kann. Diese Kraft läßt uns immer die richtigen Entscheidungen im richtigen Augenblick treffen, und wenn wir unser Ziel erreicht haben und zurückblicken, wundern wir uns über unsere Fähigkeiten. Die Begeisterungsfähigkeit hat uns ans Ziel geführt, und sie läßt nichts anderes gelten.
Dieser Enthusiasmus manifestiert sich normalerweise ungehindert in den ersten Lebensjahren. In dieser Lebensspanne haben wir noch eine starke Verbindung zu dem Göttlichen und lassen unsere Puppen und Zinnsoldaten lebendig werden. Als Jesus sagte, daß den Kindern das Himmelreich gehöre, meinte er Agape in Form von Begeisterung.«
Ich erzählte Petrus, daß ich an diesem Nachmittag das Gefühl gehabt hatte, nur noch für den Jakobsweg zu leben. Während der vergangenen Tage und Nächte hatte ich beinahe mein Schwert vergessen, und das war für mich ein einzigartiges Erlebnis. Alles andere hatte seine Bedeutung verloren.
– »Heute nachmittag haben wir geangelt, aber die Fische bissen nicht an«, sagte Petrus. – »Meistens verlieren wir die Begeisterung, wenn wir bei so banalen Dingen keinen Erfolg haben. Wenn uns nicht bewußt ist, daß die Begeisterung eine höhere Energie ist, die sich auf den Endsieg

richtet, schenken wir ihr keine Beachtung mehr und merken nicht, daß wir dadurch auch den wahren Sinn unseres Lebens mißachten. Wir machen die Welt für unsere Niederlagen verantwortlich und vergessen, daß wir selbst die mitreißende Kraft – die Manifestation von Agape in Form von Enthusiasmus – nicht nutzen.« Nach einer kleinen Pause fuhr er fort: – »Als du den bösen Geist aus dem Hund vertrieben hast, konntest du Agape in seiner reinsten Form erfahren. Es war ein wunderbares Erlebnis, und ich war stolz, dein Führer zu sein. Darum werde ich jetzt zum ersten Mal eine Übung gemeinsam mit dir ausführen.«
Und Petrus lehrte mich das *Ritual des blauen Globus.*
– »Ich werde dir helfen, deine Begeisterung zu wecken und eine Kraft zu manifestieren, die sich wie eine blaue Kugel um die ganze Erde legt«, sagte er, – »um dir zu zeigen, daß ich dich schätze für deinen Einsatz und für das, was du bist.«
Bisher hatte Petrus noch nie darüber geurteilt, ob ich die Übungen zufriedenstellend machte oder nicht. Er hatte mir geholfen, den ersten Kontakt mit meinem Boten zu interpretieren, er hatte mich aus der Trance geholt bei der Samen-Übung, aber noch nie hatte er sich für die Ergebnisse interessiert, die ich erzielte. Mehr als einmal hatte ich ihn gefragt, warum er nichts über meine Empfindungen erfahren wollte, und er hatte entgegnet, daß seine Pflicht als Führer einzig darin bestehe, mir den Weg und die Lektionen von RAM zu zeigen. Es lag allein bei mir, Gewinn daraus zu ziehen oder nicht.
Als er mir jetzt eröffnete, daß er die Übung gemeinsam mit mir durchführen wollte, fühlte ich mich plötzlich seines Lobes nicht würdig. Ich kannte meine Schwächen und wollte es ihm sagen, aber er schnitt mir das Wort ab, noch bevor ich begonnen hatte: – »Sei nicht so grausam gegen dich, oder hast du die Übung mit dem Fingernagel schon vergessen? Nimm ein Lob an, das du verdient hast.«

Meine Augen wurden feucht. Petrus nahm mich bei der Hand und führte mich ins Freie. Die Nacht war dunkler als die vorangegangene. Ich setzte mich neben ihn ins Gras, und wir begannen leise zu singen. Das Lied strömte aus mir heraus, und Petrus begleitete mich ohne Mühe. Ich klatschte leise in die Hände und wiegte mich im Rhythmus vor und zurück. Das Händeklatschen wurde kräftiger und die Melodie floß leicht aus mir heraus – ein Lobgesang auf den finsteren Himmel, die verlassene Ebene, die leblosen Felsen. Im Geiste sah ich all die Heiligen, die meine Kindheit beschützt und begleitet hatten und die sich im Laufe des Lebens wieder von mir entfernt hatten, denn auch ich habe einen Großteil von Agape abgetötet. Doch jetzt strömte die allumfassende Liebe großzügig zurück, und die Heiligen lächelten vom Himmel herab. Ich breitete die Arme aus, damit die Liebe frei fließen konnte, und leuchtendblaues Licht durchströmte meinen Körper. Es reinigte meine Seele und spülte meine Sünden weg. Das geheimnisvolle Licht breitete sich über die Landschaft aus und hüllte die ganze Welt ein. Ich weinte vor Ergriffenheit, weil ich die Begeisterung spürte, und nichts konnte mir in diesem Augenblick etwas anhaben.
Ich bemerkte, daß sich eine Gestalt neben mich setzte, und ich vermutete, daß es mein Bote war und daß nur er dieses blaue Licht wahrnehmen konnte, das mich durchströmte und die ganze Welt bedeckte.
Ich fühlte, daß jemand meine Hände festhielt, die ich zum Himmel erhoben hatte. Jetzt nahm der Strom des leuchtendblauen Lichtes noch zu und wurde so stark, daß ich glaubte, die Besinnung zu verlieren. Aber ich konnte es noch ein paar Minuten festhalten, bis das Lied zu Ende war.
Dann entspannte ich mich. Ich war total erschöpft, aber frei und glücklich mit dem, was ich erlebt hatte. Der Griff

der Hände, die mich hielten, lockerte sich. Ich wurde gewahr, daß Petrus meine linke Hand festgehalten hatte, und ahnte nun, wer zu meiner Rechten saß.
Ich öffnete die Augen und sah den Mönch Alfonso. Er lächelte mich an, und ich lächelte zurück, dann ergriff ich wieder seine Hand und drückte sie fest gegen meine Brust. Er ließ es zu.
Keiner von uns sagte etwas. Nach einiger Zeit stand Alfonso auf und ging auf die felsige Ebene. Ich sah ihm nach, bis ihn die Dunkelheit ganz verschlungen hatte.
Nach einiger Zeit durchbrach Petrus die Stille.
– »Wiederhole diese Übung, sooft du kannst, und nach und nach wird Agape wieder in dir einziehen. Wiederhole sie vor Beginn eines Projektes, in den ersten Tagen einer Reise, oder wenn du fühlst, daß dich etwas stark bewegt. Wenn es möglich ist, führe die Übung mit jemandem aus, den du gern hast. Diese Übung sollte man in Begleitung machen.«
Wir gingen zur weißen Einsiedelei zurück, wo unsere Sachen lagen.
– »Der Bewohner der Hütte kommt heute nicht mehr zurück. Wir können hier schlafen«, sagte Petrus und legte sich nieder. Ich rollte meinen Schlafsack aus, trank noch einen Schluck Wein und legte mich auch hin. Ich war ziemlich erschöpft, aber es war eine angenehme Müdigkeit ohne Anspannungen. Ich dachte an den bärtigen, hageren Mönch, der sich an meine Seite gesetzt hatte. An irgendeinem Ort dort draußen wurde er von der göttlichen Flamme verzehrt. Vielleicht war die Nacht so dunkel, weil er in sich das ganze Licht der Welt angesammelt hatte.

Das Ritual des blauen Globus

Setz dich bequem hin und beruhige deinen Geist. Fühle, wie schön es ist, zu leben. Laß zu, daß sich dein Herz frei fühlt von allen Belastungen und kleinlichen Problemen. Singe ein Kinderlied leise vor dich hin. Fühle, wie sich dein Herz ausdehnt, um das Zimmer und danach das ganze Haus mit einem leuchtendblauen Licht zu erhellen.

Wenn du das erreicht hast, dann fühle die Gegenwart deines Schutzengels oder der Heiligen, die dich als Kind beschützt haben. Achte auf ihre Anwesenheit und fühle das Vertrauen und die Zuversicht, die sie dir vermitteln.

Stell dir vor, daß dein Schutzengel oder die Heiligen auf dich zugehen und ihre Hände auf deinen Kopf legen. Sie wünschen dir Liebe, Friede und Heil.

Wenn dieser Eindruck ganz stark ist, dann fühle, wie dich das blaue Licht durchströmt. Es verteilt sich im Haus, im Wohnbezirk, in der Stadt, im Land und überzieht die ganze Erde mit einem blauen Schimmer. Dieses Licht ist die Manifestation von höherer Liebe, die außerhalb des täglichen Kampfes steht und dir Kraft, Mut und Friede verleiht.
Laß dieses Licht so lange wie möglich in die Welt hinausstrahlen, dann ist dein Herz bereit, die allumfassende Liebe zu verströmen. (Diese Phase sollte mindestens fünf Minuten andauern.)
Löse dich nach und nach aus deinem Trancezustand und kehre zurück in die Gegenwart. Der Schutzengel und die Heiligen bleiben in deiner Nähe. Das leuchtende Licht bleibt in der Welt.
Dieses Ritual kann mit mehreren Personen durchgeführt werden. Dabei sollten sich alle an den Händen halten.

Der Tod

– »Seid ihr Pilger?« fragte die alte Frau, die uns den Morgenkaffee brachte. Wir befanden uns in Azofra, einem Dorf mit kleinen Häusern, an deren Fassaden mittelalterliche Wappenschilder zu sehen waren, und mit einem Brunnen, an dem wir kurz zuvor unsere Feldflaschen gefüllt hatten.

Ich nickte, und die Augen der Frau zeigten Respekt und Stolz.

– »Als ich noch ein Kind war, zog hier täglich ein Pilger vorbei. Ich weiß nicht, was nach dem Krieg geschehen ist, aber die Wallfahrten haben nachgelassen. Man sollte eine Straße bauen, denn heutzutage fahren die Leute am liebsten mit dem Auto.«

Petrus schwieg – er schien schlechter Stimmung zu sein. Ich versuchte mir eine asphaltierte Straße, die über Berg und Tal führte, Autos mit Muscheln auf den Motorhauben und Souvenir-Läden am Eingang der Klöster vorzustellen. Ich trank meinen Kaffee aus und aß dazu das Brot mit Olivenöl. Nach Aymeric Picaud, der die Route beschrieben hat, mußten wir gegen Nachmittag in Santo Domingo de La Calzada eintreffen, wo ich im Parador Nacional, einem historischen Gebäude, das von der Regierung zu einem erstklassigen Hotel umfunktioniert wurde, übernachten wollte. Bisher hatte ich weniger Geld ausgegeben, als vorgesehen, so daß es an der Zeit war, mir eine Extravaganz zu leisten.

Ich war schon beim Aufwachen unruhig und empfand eine Ungeduld, die ich bereits überwunden glaubte. Petrus war melancholisch und schweigsamer als gewöhnlich, und ich fragte mich, ob das mit der Begegnung mit Alfonso zusammenhing.

Nach dem Frühstück zogen wir weiter. Wir kamen an den Ruinen einer alten Pilgerherberge vorbei und an einem kleinen Park am Ausgang der Ortschaft. Plötzlich fühlte ich eine starke Gegenwart links von mir. Ich fühlte mich unbehaglich und ging rasch weiter, aber Petrus hielt mich auf.

– »Es nützt nichts, davonzulaufen«, sagte er. Ich wollte mich aus seinem Griff befreien und vorwärts streben, aber ein unangenehmer Druck in der Magengegend machte sich bemerkbar: Anspannung und Angst.

– »Schau dich um, bevor es zu spät ist!« Die Stimme von Petrus klang eindringlich. Unversehens drehte ich mich um. Zu meiner linken Seite, neben einem Olivenbaum, stand ein großer schwarzer Hund und starrte mich an. Es war derselbe Hund, den ich aus dem Haus der armen Frau vertrieben hatte.

Eine Stimme in meinem Innern – vielleicht die meines Boten oder gar meines Schutzengels – sagte mir, daß ich ihn nicht aus den Augen lassen durfte, wenn ich nicht angegriffen werden wollte. Eine Ewigkeit starrten wir uns an. Nachdem ich die allumfassende Liebe kennengelernt hatte, wurde ich nun wieder mit den täglichen Bedrohungen des Lebens konfrontiert. Ich fragte mich, warum dieses Tier mir so weit gefolgt war, zumal ich doch ein friedlicher Pilger auf dem Weg zu meinem Schwert war und gar keine Lust verspürte, mich mit Menschen oder Tieren anzulegen. Ich versuchte, ihm das alles über den Blick zu vermitteln – wie jene Mönche in dem Kloster, in dem nicht gesprochen werden durfte –, aber der Hund rührte sich nicht vom Fleck. Er sah mich ohne jede Emotion an, aber er war angriffsbereit, wenn ich Angst zeigen würde.

Angst! Jetzt erst merkte ich, daß die Angst verschwunden

war. Ich fand die Lage zu blöd, um Angst zu empfinden. Aber ich durfte meine Augen nicht abwenden, auch nicht, als ich hörte, daß sich von rechts eine Gestalt näherte. Die Person hielt einen Moment inne, um dann direkt auf uns zuzukommen. Sie durchkreuzte unsere Blicklinie und sagte etwas, was ich nicht verstand. Es war eine weibliche Stimme, und ihre Gegenwart war gut, freundschaftlich und positiv.

Als die Gestalt vorübergegangen war, hatte der Hund den Blick gesenkt. Mit einem Satz machte er kehrt und verschwand hinter einer Mauer.

Erst jetzt begann mein Herz zu flattern und mir wurde übel. Ich sah mich nach der Gestalt um, die mir die Kraft verliehen hatte, den Hund zu besiegen. Es war eine Nonne. Man sah sie nur von hinten, aber ich erinnerte mich an ihre melodiöse Stimme.

– »Sie hat mich gerettet«, murmelte ich erschöpft.

– »Sie kommt aus einem Kloster in Cañas, das etwa fünf Kilometer von hier entfernt ist«, sagte Petrus und nahm meinen Arm. Benommen setzte ich mich auf den Boden, während Petrus meine Stirn und den Nacken mit Wasser befeuchtete. Ich erinnerte mich, daß er das gleiche getan hatte, als wir aus dem Haus der Frau gekommen waren – aber damals war ich glücklich gewesen, während ich heute niedergeschlagen war. Petrus ließ mir genügend Zeit zum Ausruhen. Das Wasser hatte mich etwas beruhigt, und langsam kehrte ich zur Normalität zurück.

– »Deine Angst hat dir mehr Schaden zugefügt als der Hund«, stellte Petrus fest.

Ich wollte wissen, warum diese Begegnung stattgefunden hatte.

– »Sowohl im alltäglichen Leben als auch auf dem Jakobsweg gibt es Dinge, die unabhängig von unserem Willen geschehen. Bei unserer ersten Begegnung habe ich dir gesagt, daß ich in den Augen des Schwarzhaarigen den

Namen des Dämons gelesen hatte. Ich war sehr überrascht, daß der Dämon in Gestalt eines Hundes auftreten sollte, und ich habe dir deshalb damals nichts davon erzählt. Erst im Haus der Frau habe ich deinen Feind gesehen.

Als du den Hund von der Frau vertrieben hast, wurde der Dämon damit nicht erlöst. Du hast die bösen Geister nicht – wie Jesus – in eine Schweineherde getrieben, die sich dann in den Abgrund stürzte. Du hast den Hund nur vertrieben. Und jetzt treibt diese Kraft ziellos hinter dir her. Bevor du dein Schwert findest, mußt du dich entscheiden, ob du Sklave oder Herr über diesen Dämon sein willst.«

Petrus reichte mir noch etwas Wasser, dann fuhr er fort:

– »Wenn die Menschen den Kontakt zu den Erdenergien verlieren, nehmen die Dämonen von ihnen Besitz. Die Angst vor dem Fluch öffnete dem Dämon eine Tür. Es hängt immer davon ab, wie du den Verwünschungen anderer begegnest. Ein Fluch ist wirkungslos, wenn er nicht angenommen wird. Vergiß das nicht bei deinen Auseinandersetzungen. Es ist legitim, bei einer Bedrohung anzugreifen oder zu flüchten. Aber wenn die Angst dich lähmt, bist du ernsthaft in Gefahr.«

Ich war selbst erstaunt, daß ich keine Angst verspürte, und sagte es Petrus.

– »Das war deine Rettung, sonst hätte dich der Hund angegriffen. Er hatte auch keine Angst. Das Auffallendste aber war die Erscheinung der Nonne. Als du eine positive Gegenwart verspürtest, hat dir deine Vorstellungskraft vorgegaukelt, daß dir jemand zu Hilfe käme. Und dieser Glaube hat dich gerettet, obwohl er völlig unbegründet war.«

Petrus hatte recht. Wir lachten beide und standen auf, um unsere Wanderung fortzusetzen. Ich fühlte mich wieder leicht und beschwingt.

– »Eines solltest du noch wissen«, sagte Petrus im Weitergehen. – »Das Duell mit dem Hund kann erst mit dem Sieg von einem von euch beendet werden. Er wird wiederauftauchen, und dann mußt du den Kampf bis zu Ende führen. Sonst wird dich sein Geist bis an dein Lebensende verfolgen.«

Petrus hatte gesagt, daß er den Namen des Dämons in den Augen des Schwarzhaarigen gelesen hatte. Ich fragte ihn danach.

– »Er heißt Legion, denn es sind viele Geister«, antwortete er.

Petrus war schweigsamer als gewöhnlich. Ich wollte noch mehr über die ›vielen Dämonen‹ erfahren, aber er ignorierte meine Fragen.

Wir stiegen auf einen kleinen Hügel hinauf, und von dort oben konnte ich den Kirchturm von Santo Domingo erkennen. Die Aussicht beflügelte mich, und ich begann, vom Komfort und der Magie des Parador Nacional zu träumen. Nach allem, was ich gelesen hatte, war das Gebäude vom heiligen Domingo selbst errichtet worden, um die Pilger auf dem Jakobsweg zu beherbergen. Der heilige Franziskus hatte auf seiner Wallfahrt nach Santiago de Compostela dort übernachtet. Das alles faszinierte mich.

Es muß gegen sieben Uhr abends gewesen sein, als Petrus mich zum Anhalten aufforderte. Ich erinnerte mich an den verlangsamten Marsch vor Roncesvalles, als ich mich so nach einem Glas Wein gesehnt hatte, und nun befürchtete ich etwas ähnliches.

– »Der Geist der Verstorbenen kann, wenn die Angst die Tür öffnet, den Körper eines Lebenden besetzen. Die Angst der Frau hat mehrere Dämonen angelockt. Nicht nur den Geist des verbrannten Zigeuners, sondern verschiedene andere Dämonen, die in den geistigen Sphären umherirrten und eine Gelegenheit suchten, in Kontakt mit den materiellen Kräften zu gelangen.«

Erst jetzt hatte er meine Frage beantwortet. Doch etwas in seiner Sprechweise erschien mir seltsam gekünstelt, als ob er eigentlich ein ganz anderes Thema besprechen wollte. Meine Intuition warnte mich.

– »Was hast du eigentlich vor, Petrus?« fragte ich gereizt. Mein Führer schwieg. Er ging auf einen alten Baum zu, der abseits des Weges mitten im Feld stand – der einzige Baum weit und breit. Da er mir kein Zeichen gab, ihm zu folgen, wartete ich ab und erlebte eine merkwürdige Szene: Petrus umkreiste den Baum mehrmals, murmelte dabei ständig vor sich hin und blickte auf den Boden. Als er fertig war, winkte er mir zu.

– »Setz dich hierher«, befahl er. Seine Stimme hatte einen seltsamen Klang, und ich konnte nicht ausmachen, ob sie Mitleid oder Fürsorge ausdrückte. »Du bleibst hier. Morgen treffe ich dich dann in Santo Domingo de La Calzada.« Bevor ich noch etwas erwidern konnte, fuhr er fort: – »Irgendwann wirst du deinem Feind, dem Hund, wiederbegegnen, aber ich garantiere dir, daß es nicht heute nacht sein wird. Wenn es soweit ist, werde ich in deiner Nähe sein und dir die nötige Kraft für den Kampf spenden. Aber heute wirst du einem anderen Feind begegnen – einem imaginären Feind: dem Tod.

Der Mensch ist das einzige Wesen in der Natur, das sich seines Todes bewußt ist. Darum habe ich einen tiefen Respekt vor der menschlichen Rasse und glaube, daß ihre Zukunft viel besser sein wird als ihre Gegenwart. Obwohl der Mensch weiß, daß alles zu Ende sein kann, wenn er es am wenigsten erwartet, macht er aus seinem Leben einen Kampf, der einem unsterblichen Wesen würdig wäre. Was als Eitelkeit bezeichnet wird, seinen Namen unsterblich machen zu wollen – durch Kinder oder Werke –, bezeichne ich als Ausdruck höchster menschlicher Würde.

Als schwaches Wesen versucht der Mensch den Tod zu

verdrängen. Er merkt nicht, daß er im Bewußtsein des Todes viel mehr riskieren würde, weil er nichts zu verlieren hätte.
Der Tod ist unser treuester Gefährte, denn er gibt unserem Leben erst den wahren Sinn. Aber um ihm ins Angesicht schauen zu können, müssen wir zuvor alle Schrecknisse kennenlernen, die er in jedem von uns hervorruft.«
Petrus holte zwei belegte Brote aus seinem Rucksack.
– »Hier gibt es keinerlei Gefahren«, erklärte er und reichte mir die Brote. – »Es gibt keine giftigen Schlangen, und der Hund wird dich auch in Ruhe lassen, bis er seine Niederlage überwunden hat. Es gibt keine Räuber oder Gewaltverbrecher in der Umgebung. Du bist also an einem ganz sicheren Ort. Nur eines kann dir gefährlich werden: deine Angst.«
Petrus sagte mir, daß ich vor zwei Tagen eine ähnlich intensive Erfahrung wie den Tod gemacht hätte: die allumfassende Liebe. Dabei hatte ich in keinem Moment Angst empfunden.
Die Menschen erschrecken vor dem Tod, weil sie nicht erkennen, daß auch er eine Manifestation von Agape ist. Ich entgegnete, daß ich nach Jahren der Magie die Angst vor dem Tod längst überwunden hätte. Was mich beunruhigte, war nur die Art des Sterbens, aber nicht der Tod als solcher.
– »Darum wirst du heute die schrecklichste Art des Sterbens kennenlernen.«
Petrus lehrte mich die *Übung des Todes*, des lebendigen Begraben-Sein.
– »Diese Übung brauchst du nur ein einziges Mal auszuführen«, sagte er. – »Dabei ist es nötig, daß du die ganze Wahrheit und die ganze Angst erweckst, damit die Erlösung aus den Tiefen deiner Seele emporsteigt und der Tod die Schreckensmaske fallen läßt.«
– »Petrus, ich habe noch eine Frage. Du warst heute mor-

gen so merkwürdig ruhig. Hast du das Kommen des Hundes vorausgeahnt? Wenn ja, wie ist das möglich?«
– »Als wir gemeinsam die allumfassende Liebe erlebten, tauchten wir in das Absolute ein. Das Absolute zeigt allen Menschen, was sie wirklich sind: eine Verstrickung von Ursachen und Wirkungen, bei der jede kleinste Handlung eine bestimmte Wirkung auslöst. Heute morgen war das Bewußtsein des Absoluten noch lebendig in mir. Ich erlebte alles, was es auf der Welt gibt – ohne Begrenzung von Zeit und Raum. Jetzt ist die Wirkung nur noch ganz schwach vorhanden und wird sich erst bei der nächsten Agape-Anwendung wiederholen.«
Ich erinnerte mich an Petrus' üble Laune am Morgen. Wenn es stimmte, was er sagte, dann muß es schlecht um die Welt bestellt sein.
– »Ich erwarte dich morgen im Parador-Hotel«, sagte er zum Abschied und entfernte sich.
Ich sah ihm lange nach. Sobald es richtig dunkel war, wollte ich mit der Übung beginnen. Es war das erste Mal, daß ich allein war, seit ich mich auf dem Weg der großen Sehnsucht befand. Ich stand auf und machte noch einen kleinen Spaziergang über die Felder, aber die Nacht brach schnell herein, und so ging ich zum Baum zurück, um mich nicht zu verirren.
Bevor es ganz finster war, prägte ich mir die Entfernung zwischen dem Baum und dem Weg ein. Sicher könnte ich, wenn ich wollte, den Pfad nach Santo Domingo im schwachen Schein der schmalen Mondsichel erkennen.
Zu diesem Zeitpunkt verspürte ich noch keine Angst und meinte, sehr viel Einbildungskraft zu benötigen, um in mir die Befürchtungen eines grauenvollen Todes zu erwecken. Doch je dunkler es wurde, desto größer wurde mein Unbehagen.
Ich war mutterseelenallein, und wenn ich schrie, würde mich kein Mensch hören. Ich war mir absolut sicher, daß

es ein Leben nach dem Tod gab, aber mit dem Übergang hatte ich mich noch nie beschäftigt. Wenn ich heute morgen an einem Herzschlag gestorben wäre, hätte weder die Wallfahrt nach Santiago noch meine Lehrzeit, weder die Sehnsucht nach der Familie noch das versteckte Geld in meinem Gürtel einen Sinn gehabt. All das, was bei meinem plötzlichen Ableben verloren wäre, erschien mir plötzlich sehr bedeutsam.

Die Nacht war stockfinster, nur am Horizont konnte ich den hellen Schimmer der Stadt erkennen. Ich legte mich hin und starrte in die Baumkrone. Ich hörte seltsame Geräusche, die vermutlich von Nachttieren, die auf Beutezug gingen, verursacht wurden. Ein Knacken erschreckte mich, und mein Herz pochte wild.

Ich war nervös und beschloß, die Übung so schnell wie möglich hinter mich zu bringen und dann ins Hotel zu gehen. Ich kreuzte die Arme vor der Brust und stellte mir vor, wie mein Sarg zugeschraubt wurde. Ich war wie gelähmt, aber lebendig, und wollte meiner Familie sagen, daß ich alles sah, daß ich sie liebte, aber kein Ton kam über meine Lippen. Mein Vater und meine Mutter weinten, und meine Freunde wirkten betreten. Ich fühlte mich entsetzlich einsam. Niemand bemerkte, daß ich noch am Leben war und noch nicht alles vollbracht hatte, was ich in dieser Welt tun wollte. Verzweifelt versuchte ich die Augen zu öffnen, ein Zeichen zu geben, gegen den Sargdeckel zu klopfen, aber ich konnte mich nicht rühren.

Ich merkte, daß der Sarg hin und her schwankte – er wurde zum Grab getragen. Jemand in der Nähe sagte, daß ich zu früh gestorben sei. Der Duft nach Blumen betäubte mich.

Ich erinnerte mich an alles, was ich in meinem Leben versäumt hatte, und Selbstmitleid übermannte mich. Ich tat mir unendlich leid – nicht nur, weil ich lebendig begraben wurde, sondern weil ich Angst gehabt hatte,

richtig zu leben. Was macht es schon aus, Niederlagen einzustecken, wenn es doch das Wichtigste ist, das Leben zu genießen! Nun war es zu spät, den Mut zu beweisen, den ich bei vielen Gelegenheiten gebraucht hätte.
Ich war ein Verräter an mir selbst. Jetzt lag ich in einem Sarg, ohne mich rühren zu können, während mein Verstand um Hilfe schrie. Die Leute dort draußen nahmen keine Notiz davon. Sie dachten vermutlich schon daran, was sie am Abend vorhatten. Ich litt Höllenqualen, weil ich beerdigt wurde, während die anderen weiterleben durften; ich wünschte mir, eine große Katastrophe hätte die Welt heimgesucht und alle dahingerafft.
Hilfe! Ich lebe, mein Verstand funktioniert noch!
Sie stellten den Sarg am Grabrand ab. Nun sollte ich unter die Erde kommen. Meine Frau wird mich vergessen, einen anderen heiraten und das Geld ausgeben, das wir gemeinsam in all den Jahren zusammengetragen haben. Aber das war nicht sehr wichtig. Ich wollte in diesem Augenblick mit ihr zusammen sein, weil ich lebte!
Ich hörte ein Schluchzen und fühlte, daß zwei Tränen über meine Wangen rollten. Jetzt hätten sie erkennen können, daß ich noch lebte, aber der Sarg blieb verschlossen und wurde in die Erde gesenkt. Die Totengräber schaufelten Erde in das Grab, und ich war lebendig begraben! Ich fühlte, daß die Luft knapp wurde, und hörte die Schritte der Leute, die sich entfernten. Niemand vernahm die Hilferufe meiner Gedanken. Ich war alleine, und der süßliche Geruch der Blumen machte mich wahnsinnig.
Plötzlich nahm ich Geräusche wahr. Es waren die Würmer, die sich näherten, um mich bei lebendigem Leib aufzufressen. Die glitschigen kalten Kreaturen krochen über meinen Körper und spazierten auf meinem Gesicht herum. Einer schlängelte sich in meine Nase.
Hilfe! Ich werde lebendig aufgefressen.
Der Wurm in meiner Nase schlüpfte in den Rachen. Ein

anderer drang in mein Ohr. Ich mußte hier raus! Sie krochen in alle Körperöffnungen, um mich von innen aufzufressen. Die Luft wurde knapp, und die Würmer fraßen mich auf! Ich mußte raus.
O Gott, hilf mir, all meine Kraft zusammenzunehmen, um hier herauszukommen; ich muß ... ich werde mich bewegen! Ich bewege mich!
Ich hab' es geschafft!
Die Sargbretter flogen nach allen Seiten, das Grab verschwand, und ich füllte meine Lungen mit frischer Luft. Ich zitterte und war schweißgebadet – aber ich lebte.
Eine große innere Ruhe überkam mich, und ich fühlte etwas an meiner Seite. Ich sah das Gesicht meines Todes. Es war nicht der qualvolle Tod, den ich gerade erlebt hatte, der Tod, der von meinen Ängsten und Phantasien erzeugt worden war, sondern mein wirklicher Tod, mein Freund und Berater, der keine Feigheit mehr dulden würde. Er würde mir nicht mehr erlauben, daß ich aufschob, was ich gleich erledigen konnte. Er würde nicht zulassen, daß ich den Auseinandersetzungen aus dem Weg ging. Er war hier, um mir zu sagen, daß ich nicht die größte aller Sünden in andere Welten mitnehmen durfte: die Reue.
Jetzt hatte die Nacht nichts Erschreckendes mehr an sich. Es war eine glückliche, friedvolle Nacht.
Als das Zittern vorbei war, ließ ich mir die beiden Brote schmecken, die mir Petrus dagelassen hatte. Es war die köstlichste Mahlzeit der Welt, denn ich lebte, und der Tod hatte für immer seine Schrecken verloren.
Ich beschloß, hier zu schlafen. Schließlich war die Dunkelheit noch nie so friedvoll gewesen.

Die Übung des Todes

Leg dich auf den Boden und entspanne dich. Kreuze die Arme über dem Brustkorb wie ein Toter.

Stell dir alle Einzelheiten deiner Beerdigung vor, so als ob sie morgen stattfände. Du weißt, daß du lebendig begraben wirst. Während du deine Bestattung in allen Einzelheiten durchlebst und die Zeremonie, den Gang zum Grab, die Beerdigung und die Würmer über dich ergehen läßt, wirst du immer mehr die Muskeln anspannen, in dem verzweifelten Versuch, dich zu bewegen. Aber du bewegst dich nicht, bis du es nicht mehr ertragen kannst. Dann wirst du mit einer Bewegung die deinen ganzen Körper einschließt, die Bretter des Sarges sprengen und tief durchatmen. Du bist frei. Diese Bewegung ist noch effektiver, wenn sie von einem erlösenden Schrei aus den Tiefen deiner Seele begleitet wird.

Die persönlichen Laster

Wir gingen an einem riesigen eintönigen Kornfeld entlang, das sich bis zum Horizont erstreckte. Das einzige, was die Monotonie dieser Landschaft unterbrach, war eine mittelalterliche Säule mit einem Kreuz an der Spitze, die den Weg der Pilger kennzeichnete.
Vor der Säule stellte Petrus seinen Rucksack ab und kniete nieder. Ich machte es ihm nach.
– »Laß uns beten. Laß uns dafür beten, daß uns das einzige, was einen Pilger besiegen kann, nichts anhaben möge – die persönlichen Laster.«
Es war am frühen Nachmittag. Man hörte keinen Laut, und Petrus begann: – »Himmlischer Vater, hab Erbarmen mit uns, denn wir sind Pilger auf dem Weg nach Compostela. Bitte hilf uns, daß wir unser Wissen niemals gegen uns selbst wenden.
Hab Erbarmen mit jenen, die sich vom Leben ungerecht behandelt fühlen, weil sie die Auseinandersetzung scheuen. Und hab auch Erbarmen mit denen, die grausam gegen sich selbst sind und die sich wegen den Ungerechtigkeiten des Lebens schuldig fühlen. Sie kennen nicht dein Gebot, welches besagt, daß jedes Haar auf unserem Haupt gezählt ist.
Hab Erbarmen mit denen, die täglich viele Stunden herrschen oder dienen und sich für einen freien Sonntag aufopfern, obwohl sie nichts mit sich anfangen können. Und hab auch Erbarmen mit denen, die deine Werke heiligen und sich von den eigenen Geschwistern kreuzigen lassen. Sie kennen nicht deine Warnung: Nimm dich in acht vor den Wölfen im Schafspelz.

Hab Erbarmen mit den Menschen die die Welt erobern, ohne den guten Kampf mit sich selbst auszufechten. Und hab Erbarmen mit denen, die sich selbst besiegten, aber an der Welt zerbrechen. Sie kennen dein Gebot nicht, das verheißt, daß wer deinem Wort folgt, sein Haus auf solidem Grund errichtet.
Hab Erbarmen mit denen, die im Überfluß leben und einsam und unzufrieden sind. Und hab auch Erbarmen mit denen, die enthaltsam leben und andere verurteilen. Sie kennen deine Botschaft nicht, die lautet: Wenn ich Zeugnis über mich selbst ablege, dann ist es nicht wahrhaftig.
Hab Erbarmen mit denen, die den Tod fürchten und nicht wissen, daß sie schon viele Tode gestorben sind, und mit denen, die Angst haben, daß eines Tages alles zu Ende ist. Hab auch Erbarmen mit denen, die ihre Tode kennen und sich heute unsterblich wähnen, denn sie kennen dein Gebot nicht, das da heißt: Wer nicht wiedergeboren wird, kann das Himmelreich nicht erkennen.
Hab Erbarmen mit jenen, die sich von der Liebe fesseln lassen und sich zum Herrn über andere aufschwingen, die sich quälen und eifersüchtig sind, weil sie nicht erkennen, daß die Liebe wechselt wie der Wind. Aber hab Erbarmen mit denen, die Angst vor der Liebe haben und sie zugunsten einer »höheren Liebe« zurückweisen, die sie gar nicht kennen, weil sie deine Verheißung nicht kennen die besagt: Wer von dieser Quelle trinkt, wird nie mehr durstig sein.
Hab Erbarmen mit jenen, die den Kosmos auf eine Erklärung, Gott auf eine magische Arznei und den Menschen auf ein Wesen mit geringen Bedürfnissen reduzieren. Sie werden die Sphärenmusik nie vernehmen. Hab auch Erbarmen mit jenen, die in den Laboratorien Quecksilber zu Gold verwandeln, umgeben sind von Büchern über die Geheimnisse des Tarot und die Macht der Pyramiden,

weil sie nicht wissen, daß die Bibel sagt: ›Wenn ihr nicht seid wie Kinder, kommt ihr nicht ins Himmelreich.‹

Hab Erbarmen mit denen, die nur ihren Vorteil sehen und an der Einsamkeit der Macht leiden. Hab auch Erbarmen mit jenen, die alles hergeben und das Böse nur mit Liebe bekämpfen wollen. Denn sie kennen nicht dein Gebot, das besagt: Wer kein Schwert hat, der verkaufe seinen Umhang, um eines zu erwerben.

Hab Erbarmen mit uns, himmlischer Vater, die wir ein Volk von Heiligen und Sündern sind auf dieser Welt. Denn wir erkennen uns selbst nicht und denken, daß wir gesündigt haben, auch wenn wir in Wirklichkeit jemanden gerettet haben. Hab Erbarmen mit uns allen, die wir das Schwert mit der Hand eines Engels und mit der Hand eines Dämons führen. Denn wir sind auf der Welt und brauchen dich, Vater! Wir brauchen immer dein Wort, das da heißt: Als ich euch ohne Tasche, ohne Vorrat und ohne Sandalen hinaussandte, hat es euch an nichts gemangelt. Amen.«

Petrus blickte stumm über das Kornfeld.

Der Sieg

Nach zwei Tagen kamen wir in die Nähe einer Bergkette, die im Süden die Monotonie der unendlichen Kornfelder unterbrach. Der Weg war gut durch die gelben Markierungen gekennzeichnet. Petrus jedoch entfernte sich von diesen Markierungen und wandte sich nach Norden, ohne mir eine Erklärung für sein Verhalten zu geben. Nach einer halben Stunde hörte ich ein Geräusch, das sich wie ein Wasserfall anhörte. Aber die Landschaft war dürr und trocken. Ich überlegte, woher dieses Geräusch kommen könnte. Je weiter wir gingen, desto intensiver wurde es, bis kein Zweifel mehr bestand, daß es sich tatsächlich um einen Wasserfall handeln mußte. Doch das Merkwürdige daran war, daß ich in unmittelbarer Nähe weder Berge noch einen Wasserfall ausmachen konnte. Doch plötzlich, als wir eine kleine Anhöhe überquerten, bot sich mir ein außergewöhnliches Naturschauspiel dar; in einer Vertiefung, in der ein fünfstöckiges Gebäude Platz gefunden hätte, stürzte ein dichter Wasservorhang in die Tiefe. Eine üppige Vegetation rahmte das riesige Erdloch ein.

– »Laß uns hinunterklettern«, sagte Petrus.

Wir stiegen hinab, und ich erinnerte mich dabei an Jules Verne, denn es war, als würden wir zum Mittelpunkt der Erde vordringen. Der Abstieg war steil und beschwerlich, und ich mußte mich an stacheligen Zweigen und scharfen Steinen festhalten, um nicht abzustürzen. Als wir unten ankamen, waren meine Hände wund.

– »Ein einmaliges Naturschauspiel«, schwärmte Petrus.

Ich stimmte ihm zu. Wir standen in einer Oase mit dichter

Vegetation. Die Wassertropfen schimmerten in allen Farben des Regenbogens – ein überwältigender Anblick.
– »Hier zeigt die Natur ihre Kraft«, fuhr er fort. – »Und sie erlaubt, daß auch wir unsere Kraft beweisen. Wir werden den Wasserfall hinaufklettern – mitten durch das Wasser.«
Ich betrachtete ehrfürchtig die einmalige Kulisse. Ich befand mich vor einer fünfzehn Meter hohen Felswand, über die das Wasser mit ohrenbetäubendem Lärm in die Tiefe stürzte. Der kleine See, der sich unterhalb des Wasserfalls gebildet hatte, war sehr bewegt. Das Wasser floß dann durch eine Öffnung in die Erde ab. Es gab an der Felswand keine Vorsprünge, an denen man Halt finden konnte, und der See war sicher nicht tief genug, um einen Sturz aufzufangen. Ich stand vor einer unmöglichen Aufgabe.
Ich dachte an ein gefährliches Ritual, an dem ich vor fünf Jahren teilgenommen hatte. Damals sollte ich auch eine Felswand bezwingen, und der Meister hatte mir freigestellt, ob ich weitermachen wollte oder nicht. Ich war noch jünger, und die Macht und die Wunder der Tradition faszinierten mich, so daß ich mich entschloß, weiterzumachen. Ich wollte meine Tapferkeit unter Beweis stellen. Nach einer Stunde Aufstieg, als ich an dem schwierigsten Teil ankam, kam plötzlich ein so heftiger Sturm auf, daß ich mich mit aller Kraft an der Plattform festkrallen mußte, um nicht abzustürzen. Ich schloß die Augen und befürchtete das Schlimmste. Wie groß war dann meine Überraschung, als mir plötzlich jemand half, mich in eine bequemere Lage zu bringen. Ich öffnete die Augen, und sah den Meister an meiner Seite.
Er machte ein paar Bewegungen, und der Wind legte sich sofort. Mit einer unglaublichen Leichtigkeit, die mir wie die reinste Levitationsübung erschien, kletterte er den Berg hinunter und bat mich, ihm zu folgen.

Meine Beine zitterten, als ich unten ankam, und ich fragte ihn empört, weshalb er den Wind nicht gestoppt hatte, bevor er mich erreichte.
– »Weil ich den Wind erzeugt habe«, erwiderte er.
– »Um mich umzubringen?«
– »Um dich zu retten. Du wärst nicht fähig gewesen, diesen Berg zu erklimmen. Ich wollte nicht deinen Mut, sondern deine Weisheit testen. Du hast daraus einen Auftrag gemacht, den ich dir nie erteilt habe. Wenn du schweben könntest, wäre es kein Problem gewesen. Aber du wolltest unbedingt tapfer sein, obwohl es genügt hätte, schlau zu sein.«
Dann erzählte er mir von Magiern, die während des Erleuchtungsprozesses verrückt geworden sind und nicht mehr zwischen ihren eigenen Mächten und denen ihrer Schüler unterscheiden konnten.
Im Laufe meines Lebens hatte ich drei große Meister auf dem Gebiet der Tradition kennengelernt – einer davon war mein eigener Meister. Sie waren befähigt, materielle Veränderungen zu bewirken, die weit über das Faßbare hinausgingen. So erlebte ich wahre Wunder, exakte Voraussagen der Zukunft und Kenntnisse über vergangene Leben. Mein Meister erzählte mir zum Beispiel vom Krieg auf den Falklandinseln, zwei Monate vor dem Angriff der Argentinier. Er beschrieb mir exakt den Verlauf und erklärte mir den Sinn dieses Konfliktes aus der astralen Perspektive.
Ich kannte einen Meister, der durch mentale Konzentration einen Samen innerhalb von zehn Minuten zum Keimen brachte. Aber dieser Mann hatte schon einige Schüler in den Wahnsinn getrieben – manche landeten in einer psychiatrischen Klinik, andere verübten Selbstmord. Diese Meister werden von der Tradition als Schwarze Magier verurteilt, aber es ist unmöglich, Kontrolle über ihre Aktivitäten zu erlangen.

All das ging mir durch den Kopf, als ich den Wasserfall vor mir sah, der unmöglich zu erklimmen war. Womöglich war Petrus auch ›ver-rückt‹.

– »Petrus, ich werde diese Felswand nicht hinaufklettern, aus dem einfachen Grund, weil es unmöglich ist.«

Er entgegnete nichts und setzte sich ins grüne Gras. Ich folgte seinem Beispiel. Wir schwiegen etwa fünfzehn Minuten.

Schließlich ergriff ich das Wort: – »Petrus, ich will da nicht hinaufklettern, weil ich abstürzen würde. Ich weiß, daß meine Zeit auf dieser Welt noch nicht abgelaufen ist. Als ich dem Tod ins Antlitz gesehen habe, erkannte ich auch, wann mein Leben beendet ist. Aber ich könnte für den Rest meines Lebens gelähmt sein.«

– »Paul, Paul...« Er sah mich an und lächelte. Er war mit einemmal ganz verwandelt. In seiner Stimme klang Liebe mit, und seine Augen leuchteten.

– »Willst du sagen, daß ich ein Gehorsamkeitsgelübde breche, das ich vor Beginn unserer Wanderschaft abgelegt habe?« fragte ich.

– »Du brichst keinen Schwur, du hast auch keine Angst und bist nicht zu faul. Du glaubst nicht, daß ich dir einen sinnlosen Befehl erteile. Du willst nicht hinauf, weil du an die Meister der Schwarzen Magie gedacht hast, die ihre Macht auf der materiellen Ebene mißbrauchen. Deine Entscheidungskraft einzusetzen heißt noch nicht, ein Gelübde zu brechen, denn jeder Pilger hat das Recht auf freie Willensäußerung.«

Ich betrachtete den Wasserfall genauer, um herauszufinden, ob er vielleicht doch bezwingbar war, aber ich konnte keine Stellen erkennen, die einem Menschen Halt geboten hätten.

– »Paß auf«, schlug Petrus vor. – »Ich werde vor dir hinaufklettern, ohne einen Trick anzuwenden. Und ich werde es schaffen. Wenn ich es schaffe, nur weil ich wußte, wo ich meine Füße hinsetzen kann, dann mußt du es mir nachmachen. Somit nehme ich dir die Entscheidungsfreiheit. Wenn du dich weigerst, nachdem du mich beobachtet hast, brichst du deinen Gehorsamkeitsschwur.«

Petrus zog seine Turnschuhe aus. Er war einige Jahre älter als ich, und wenn er es schaffte, dann hatte ich keinen Grund mehr, mich zu weigern. Ich sah die glatte Felswand und ein Schauer lief mir über den Rücken.

Petrus rührte sich nicht, sah in den Himmel und sagte:

– »Einige Kilometer von hier hatte ein Hirt im Jahre 1502 eine Erscheinung der heiligen Jungfrau. Heute ist ihr Fest – das Fest der heiligen Jungfrau vom Jakobsweg –, und ich werde ihr meinen Sieg widmen. Ich würde dir raten, das gleiche zu tun. Widme ihr nicht den Schmerz deiner Füße oder die Verletzungen deiner Hände. Alle opfern ihr nur die Schmerzen ihrer Bußübungen. Das ist nicht verwerflich, aber sicher würde sie sich freuen, wenn wir ihr unseren Sieg widmen würden.«

Ich verspürte keinerlei Lust zu reden. Immer noch hatte ich meine Zweifel, ob Petrus diese Felswand bezwingen würde. Trotzdem schloß ich die Augen und betete zur Jungfrau und versprach ihr, daß ich eines Tages hierher zurückkäme, wenn wir heute siegreich sein sollten.

– »Alles, was du bisher gelernt hast, hat nur dann einen Sinn, wenn es angewandt wird. Erinnere dich, daß ich dir sagte, der Weg der großen Sehnsucht sei ein Weg der einfachen Menschen. Auf dem Weg wie auch im eigentlichen Leben hat die Weisheit nur dann einen Sinn, wenn sie uns hilft, ein Hindernis zu überwinden.

Ein Hammer hat keine Daseinsberechtigung ohne Nägel. Und selbst mit Nägeln bleibt der Hammer sinnlos, solange du dich darauf beschränkst, zu denken, daß er die Nägel einschlagen könnte. Er muß erst in Aktion gesetzt werden.

Der Wasserfall ist der geeignetste Ort, alles in die Praxis umzusetzen, was du bisher gelernt hast. Du hast ohnehin schon einen großen Vorteil – du kennst den Zeitpunkt deines Todes, so daß dich diese Angst nicht mehr lähmen kann, wenn du schnell entscheiden mußt, wohin du den nächsten Schritt setzt.
Wichtig ist, daß du dich in jedem Moment des Aufstieges auf die allumfassende Liebe stützt, denn sie leitet und rechtfertigt all deine Schritte.«
Petrus zog sich ganz aus. Dann watete er in das kühle Wasser des kleinen Sees, tauchte bis zum Kopf unter und streckte die Arme zum Himmel. Ich sah, daß er glücklich war und daß er die Abkühlung und den Zauber des Regenbogens über sich genoß.
– »Und noch was«, rief er, bevor er hinter dem Wasserschleier verschwand. – »Dieser Wasserfall wird dich zum Meister machen. Während ich aufsteige, wird ein Wasserschleier zwischen uns sein, so daß du nicht genau erkennen kannst, wo meine Füße und Hände Halt finden.
Ein Schüler kann niemals die Schritte seines Meisters nachahmen. Denn jeder hat eine andere Art, mit den Schwierigkeiten und den Eroberungen des Lebens umzugehen. Lehren heißt zeigen, daß es möglich ist. Lernen heißt, es für sich selber möglich zu machen.«
Dann tauchte er unter dem Schleier der Kaskade hindurch und begann die Kletterpartie. Ich erkannte seine Gestalt wie durch eine stumpfe Glasscheibe. Aber ich sah, daß er langsam aber stetig vorwärts kam. Je mehr er sich dem Gipfel näherte, um so größer wurde meine Angst. Der Moment, in dem ich das gleiche tun mußte, rückte immer näher. Ich hielt den Atem an, denn in diesem Augenblick mußte Petrus aus dem Wasser auftauchen, das über die Felswand donnerte, um den Gipfel zu erreichen. Petrus' Kopf tauchte auf, und das tosende Wasser umschloß ihn mit einem silbernen Umhang. Mit einer

schnellen Bewegung schwang er seinen Körper in die Höhe und klammerte sich an einem Vorsprung am Plateau fest. Ich verlor ihn kurz aus den Augen.
Endlich erschien er am Rand des Erdlochs. Sein nasser Körper leuchtete im Sonnenlicht, und er lächelte.
– »Los!« rief er und winkte mir zu. – »Jetzt bist du an der Reihe.«
Ja, jetzt mußte ich das Hindernis überwinden, oder ich mußte für immer auf mein Schwert verzichten.
Ich zog mich aus und betete erneut zu der heiligen Jungfrau. Dann sprang ich mit dem Kopf voran ins Wasser. Es war eiskalt, und ich erstarrte, doch bald fühlte ich mich angenehm belebt. Ohne viel zu überlegen, watete ich direkt auf den Wasserfall zu.
Der Aufprall des Wassers war wesentlich kraftvoller, als ich vermutet hatte, und wenn es direkt auf meine Brust getroffen wäre, hätte es mich umgerissen. Ich tauchte unter der Strömung durch und befand mich kurze Zeit später in einem kleinen Hohlraum zwischen der Felswand und dem Wasservorhang. In diesem Augenblick erkannte ich, daß die Aufgabe leichter war, als ich angenommen hatte. Was von außen wie eine glatte Felswand ausgesehen hatte, war in Wirklichkeit eine zerklüftete Klippe. Im nachhinein erschreckte mich der Gedanke, daß ich aus Angst vor dem glatten Gestein beinahe auf mein Schwert verzichtet hätte.
Ich begann den Aufstieg, und drückte mich an die feuchte Felswand. In zehn Minuten hatte ich fast die ganze Strecke zurückgelegt. Ich mußte nur noch ein Hindernis überwinden – den Durchstieg durch den reißenden Wasserfall. Das war die gefährlichste Stelle, und ich hatte nicht richtig gesehen, wie Petrus sie bewältigt hatte. Erneut begann ich, die Jungfrau um ihren Beistand zu bitten. Mit aller Vorsicht schob ich den Kopf in den tosenden Wasserstrom.

Das Wasser umschloß mich und trübte meine Sicht. Ich verließ mich völlig auf meine Hände und meine Füße. Die Hände hatten schon ein altes Schwert geführt, und die Füße hatten mich auf dem Jakobsweg getragen. Sie waren meine Freunde, die mir beistanden. Der Lärm des Wassers dröhnte mir in den Ohren. Ich durchbrach den Wasservorhang und tauchte langsam aus den Fluten auf. Als der Kopf im Freien war und ich die Sonne über mir sah, atmete ich tief ein. Das verlieh mir neue Kräfte. Ich schaute mich um. Das Plateau war nur noch wenige Zentimeter entfernt. Ich verspürte den starken Drang, mich in die Höhe zu schwingen und mich irgendwo festzuhalten, aber das herabfließende Wasser versperrte mir die Sicht, und ich wußte nicht, wo ich Halt finden konnte. Der Impuls war stark, aber ich mußte mich beherrschen, denn noch hatte ich den Sieg nicht errungen. Ich befand mich in einer schwierigen Lage. Das Wasser trommelte gegen meine Brust, der Druck versuchte mich auf den Boden zurückzuschleudern, von dem ich mich entfernt hatte, um meine Träume zu verwirklichen.

Ich stellte mich auf einen Vorsprung und hielt mich mit einer Hand am Felsen fest, während ich die andere in den Wasserstrahl hielt, um Kräfte zu sammeln. Sie durfte mich nicht im Stich lassen. Meine Hand wußte das und benahm sich wie ein Fisch, der sich der Strömung hingab, aber genau wußte, wo er hinwollte. Ich erinnerte mich an einen Film, in dem Gebirgslachse über Wasserfälle gesprungen waren, weil sie ein Ziel erreichen wollten.

Jetzt, da ich nur noch einen Schritt von meinem Ziel entfernt war, ließen meine Kräfte nach, und ich spürte den Schmerz. Aber wenn Petrus es geschafft hatte, würde ich es auch schaffen. Irgendwo mußte ein Vorsprung sein, an dem ich mich festhalten konnte.

Die freie Hand tastete über den polierten Felsen und der Druck wurde immer stärker. Ich merkte, daß die anderen

Glieder schwach wurden. Aber endlich fand meine freie Hand einen Halt.
Dort war die Stelle, die den Pilgern auf dem Jakobsweg jahrhundertelang als Halt gedient hatte. Ich klammerte mich mit all meiner Kraft fest und hob nun die andere Hand. Mit einer raschen Bewegung folgte mein Körper dem Weg, den meine Arme eröffnet hatten, und ich schwang mich auf den Rand des Erdlochs.
Der große und letzte Schritt war vollbracht. Ich kroch ein Stück vom Ufer weg und überließ mich der Müdigkeit. Die Sonne erwärmte mich und erinnerte mich daran, daß ich das Hindernis und mich selbst besiegt hatte. Trotz des lauten Tosens vernahm ich Petrus' Schritte.
Ich wollte aufstehen, um meine Freude auszudrücken, aber der erschöpfte Körper gehorchte nicht.
– »Bleib ruhig liegen und ruhe dich aus«, sagte Petrus.
– »Beruhige deinen Atem.«
Ich folgte seinen Anweisungen und fiel in einen tiefen, traumlosen Schlaf. Als ich erwachte, stand Petrus vollkommen angekleidet neben mir und reichte mir meine Kleider. Er sagte, daß wir aufbrechen müßten.
– »Ich bin noch müde«, protestierte ich.
– »Mach dir keine Sorgen. Ich bringe dir bei, wie du Energie aus allem, was dich umgibt, schöpfen kannst.«
Und Petrus lehrte mich die *RAM-Atem-Übung*. Ich wandte sie sogleich an, und nach fünf Minuten ging es mir besser. Ich fühlte mich im Einklang mit dem ganzen Universum. Ich fragte Petrus, warum er mir diese Übung nicht schon vorher beigebracht hatte, zumal ich schon öfter Müdigkeit auf unserer Wanderschaft verspürt hatte.
– »Weil du mir deine Müdigkeit nie gezeigt hast«, erwiderte er lachend.

Die RAM-Atem-Übung

Presse die ganze Luft aus deinen Lungen aus. Atme langsam ein, während du die Arme hebst. Stell dir vor, daß Liebe, Frieden und Harmonie aus dem Kosmos mit dem Atem in deinen Körper strömen.
Halte den Atem so lange wie möglich an. Streck die Arme weit nach oben und genieße die innere und äußere Harmonie. Atme rasch und heftig aus, während du RAM sagst.
Wiederhole diese Übung – sie sollte fünf Minuten dauern.

Der Wahnsinn

Seit drei Tagen wanderten wir nahezu ohne Unterbrechung. Petrus weckte mich vor Sonnenaufgang, und erst gegen neun Uhr abends machten wir Rast. Petrus gestattete nur eine kurze Pause während des Tages, die wir dazu nutzten, eine Mahlzeit einzunehmen. Ich hatte den Eindruck, daß Petrus ein ganz bestimmtes Programm einhielt, von dem ich nichts wissen durfte.

Zudem hatte sich sein Verhalten völlig verändert. Am Anfang glaubte ich noch, daß er nur auf meine Zweifel bei der Wasserfall-Episode reagierte, aber inzwischen war mir klar, daß er gereizt war. Immer wieder sah er auf die Uhr, so daß ich ihn daran erinnerte, daß wir den Takt der Zeit selbst bestimmen.

– »Du wirst immer schlauer. Mal sehen, ob du deine Weisheit auch im richtigen Moment umsetzt, wenn es nötig wird«, entgegnete er schroff.

Als ich eines Nachmittags vom schnellen Rhythmus unseres Marsches zu erschöpft war, um mich zu erheben, ließ mich Petrus das T-Shirt ausziehen und forderte mich auf, mich mit dem Rücken an einen Baumstamm zu lehnen. Nach einigen Minuten war ich wieder frisch. Er erklärte mir, daß die Pflanzen, hauptsächlich die großen Laubbäume, Harmonie und Lebensenergie spenden, wenn wir die Wirbelsäule, in der alle Nerven zusammenlaufen, an ihren Stamm drücken.

Da ich schon einiges darüber gelesen hatte, war dies nichts Neues für mich. Aber sein Vortrag beschwichtigte meine Befürchtung, daß er ärgerlich auf mich war. Ich begann, sein Schweigen zu respektieren.

Wir gingen schweigend im gleichen Tempo noch zwei Tage weiter. Am dritten Tag wurde Petrus plötzlich langsamer. Er behauptete, daß er etwas erschöpft sei und daß er keine Kondition mehr habe, dieses Tempo beizubehalten. Wieder einmal hatte ich das Gefühl, daß er nicht die Wahrheit sagte: Sein Gesicht verriet keine Müdigkeit, sondern Besorgnis, als ob etwas sehr Wichtiges bevorstünde.

An diesem Nachmittag erreichten wir Foncebadon, eine große verlassene Ortschaft. Die Steinhäuser hatten Schieferdächer, die durch die Zeit und die Witterung zerstört worden waren. Ein Teil des Ortes lag an einem Abgrund, und einige Hundert Meter vor uns befand sich eines der wichtigsten Wahrzeichen des Jakobsweges: das Eisenkreuz. Ich war ungeduldig und wollte so schnell wie möglich dieses seltsame Monument – einen zehn Meter hohen Pfosten mit einem Eisenkreuz an der Spitze – erreichen. Das Kreuz stammte noch aus der Zeit der römischen Invasion. Die Pilger hinterlegten am Fundament einen von weit her gebrachten Stein.

Ich beschleunigte meine Schritte und bemerkte erst nach einiger Zeit, daß Petrus zurückblieb. Er hatte beschlossen, sich auf den Dorfplatz neben ein Holzkreuz zu setzen.

– »Laß uns ein bißchen rasten«, rief er.

Ich ging zurück und setzte mich zu ihm. Ich betrachtete die leeren Häuser. So wie die Flüsse ihren Lauf verändern, so wechselten auch die Menschen ihren Platz. Die Häuser waren solide gebaut, und sicher war eine lange Zeit verstrichen, bis sie zu Ruinen geworden waren. Es war ein schöner Ort, mit Bergen im Hintergrund und einem weiten Blick über das Tal. Ich fragte mich, was die Menschen bewogen haben konnte, diesen Ort zu verlassen.

– »Glaubst du, daß der Mönch Alfonso ein Wahnsinniger ist?« fragte Petrus unvermittelt.

– »Das glaube ich nicht«, antwortete ich. Aber ich war mir nicht sicher.
– »Doch, er ist es. Ebenso wie ich. Ich bringe meinen Wahnsinn durch meine Zeichnungen zum Ausdruck. Du bist ein Wahnsinniger, der sein Schwert sucht. Wir alle haben in uns die Flamme des heiligen Wahnsinns, die durch Agape genährt wird.
Dazu muß man nicht Amerika erobern wollen oder sich mit den Vögeln unterhalten – wie der heilige Franz von Assisi. Ein Gemüsehändler kann diesen heiligen Wahnsinn ebenso ausdrücken, wenn er seine Arbeit liebt. Agape existiert jenseits der menschlichen Vorstellungen, und sie ist ansteckend, weil die Welt nach ihr hungert.«
Petrus sagte mir, daß ich zwar über das Ritual des blauen Globus Agape erzeugen könnte, aber wenn sie zur vollen Blüte kommen sollte, dürfte ich keine Angst haben, mein Leben zu verändern.
– »Wenn du das, was du tust, gern machst, dann ist es recht. Aber wenn du es nicht magst, dann ist es nie zu spät, etwas zu ändern. Indem du eine Veränderung zuläßt, verwandelst du dich in einen fruchtbaren Boden, auf dem die schöpferische Kreativität keimen kann.
Alles, was ich dir beigebracht habe, einschließlich Agape, ergibt nur dann einen Sinn, wenn du mit dir selber zufrieden bist. Wenn das nicht der Fall sein sollte, dann werden dich die Übungen unweigerlich zu dem Wunsch nach Veränderung führen. Damit sich die Energien nicht gegen dich wenden, ist es erforderlich, daß du eine Veränderung zuläßt.
Das ist der schwierigste Augenblick im Leben eines Menschen, wenn er den ›guten Kampf‹ erkennt und nicht den Mut aufbringt, die Auseinandersetzung anzunehmen und sein Leben zu ändern. Wenn das passiert, dann wendet sich das Wissen gegen den, der es besitzt.«
Ich sah die verlassene Stadt Foncebadon. Vielleicht hatten

alle Bewohner die Notwendigkeit eines Ortswechsels erkannt. Ich fragte Petrus danach.

– »Ich weiß nicht, was hier vorgefallen ist«, antwortete er. – »Oft sind die Menschen gezwungen, eine schicksalhafte Veränderung auf sich zu nehmen, aber davon spreche ich nicht. Ich meine einen Willensakt, den konkreten Wunsch, all das zu verändern, was dich im täglichen Leben unzufrieden macht.

Wir begegnen auf unserem Lebensweg immer wieder schwierigen Aufgaben, wie etwa einen Wasserfall hinaufzuklettern, ohne abzustürzen. Dann mußt du die schöpferische Kreativität wirken lassen.

Aber es gibt viele Stationen in unserem Leben, an denen wir zwischen zwei Wegen zu entscheiden haben. Bei ganz alltäglichen Problemen – bei einer geschäftlichen Entscheidung, einer Trennung, einer gesellschaftlichen Verpflichtung. Jede dieser kleinen Entscheidungen, die wir ständig treffen müssen, kann eine Entscheidung zwischen Leben und Tod bedeuten. Wenn du morgens aus dem Haus gehst, kannst du ein Transportmittel wählen, das dich heil an deinen Arbeitsplatz bringt, oder ein anderes, das in einen Unfall verwickelt wird. Dies ist ein krasses Beispiel dafür, daß eine einfache Entscheidung einen Menschen für den Rest seines Lebens prägen kann.«

Ich dachte über mein Leben nach. Um mein Schwert zu bekommen, hatte ich mich für den Weg der großen Sehnsucht entschieden. Ich war mit meinem Leben unzufrieden gewesen, weil ich mich ständig mit dem Schwert beschäftigt hatte, und ich mußte es auf jeden Fall finden. Aber ich mußte die richtige Entscheidung treffen, wo ich meine Suche beginnen sollte.

– »Die einzige Art, die richtige Entscheidung zu finden, ist, die falsche Entscheidung zu kennen«, sagte er, als ich meine Bedenken äußerte. – »Man muß erst alle Möglichkeiten abwägen, ohne Furcht und ohne Zwang.«

Und dann zeigte mir Petrus die *Schatten-Übung*.
– »Dein Problem ist das Schwert. Am besten machst du die Übung gleich. Ich gehe inzwischen spazieren, und wenn ich zurück bin, wirst du die Lösung gefunden haben.«
Ich dachte daran, daß Petrus in den vergangenen Tagen so sehr darauf gedrängt hatte, rasch vorwärts zu kommen, und an das ganze Gespräch in dieser verlassenen Ortschaft. Ich hatte den Eindruck, daß er Zeit gewinnen wollte, um selbst etwas zu entscheiden.
Zuerst machte ich die RAM-Atem-Übung, um mich mit der Umgebung in Einklang zu bringen. Dann sah ich auf die Uhr und begann, die Schatten um mich herum wahrzunehmen. Schatten von eingefallenen Häusern, von Steinen, von dem alten Kreuz hinter mir. Als ich die Schatten betrachtete, fiel mir auf, wie schwierig es war, die Form des Gegenstands, der den Schatten warf, genau zu erkennen. Daran hatte ich noch nie gedacht. Einige gerade Balken verwandelten sich in eckige Gegenstände, und ein unregelmäßiger Stein nahm eine runde Form an im Schattenbild. Es fiel mir nicht schwer, mich zu konzentrieren, weil mich die Übung faszinierte. Dann begann ich, an alle falschen Lösungen zu denken, um mein Schwert zu finden. Viele Ideen schossen mir durch den Kopf – etwa den Bus nach Santiago zu nehmen oder meine Frau anzurufen, um sie zu zwingen, mir den Ort zu verraten, wo sie das Schwert versteckt hatte.
Als Petrus zurückkam, lächelte ich.
– »Ich habe herausgefunden, wie Agatha Christie ihre Krimis schreibt«, scherzte ich. – »Sie verwandelt die unwahrscheinlichste These in die wahrscheinlichste.«
Petrus fragte, wo mein Schwert zu finden sei.
– »Zuerst werde ich dir die unwahrscheinlichste These beschreiben, die ich entwickelt habe, während ich die Schatten betrachtete: Das Schwert befindet sich nicht am

Jakobsweg. Es ist an einem sicheren Ort verwahrt, zu dem meine Frau keinen Zugang hat. Daraus folgerte ich, daß es sich an einer öffentlich zugänglichen Stelle befindet und so gut zu dem Ambiente paßt, daß man es nicht bemerkt.« Und dann fuhr ich fort: – »Und weil es äußerst unwahrscheinlich wäre, wenn es sich an einem Ort voller Menschen befindet, nehme ich an, daß es an einem einsamen Ort ist. Außerdem vermute ich, daß es die wenigen, die es sehen können, nicht von einem spanischen Schwert unterscheiden können. Es muß sich also irgendwo befinden, wo niemand den Stil erkennen kann.«

– »Meinst du, daß es hier sein könnte?« fragte Petrus.

– »Nein, sicher nicht. Es wäre falsch, die Übung in der Nähe des Schwertes auszuführen. Diese Möglichkeit habe ich gleich ausgeschlossen. Es kann nicht in einer verlassenen Ortschaft sein, sonst würde es einem Durchreisenden sofort auffallen, und es würde in Kürze die Wände irgendeiner Bar schmücken.«

– »Sehr gut kombiniert«, lobte er, und ich merkte, daß er zufrieden mit mir war.

– »Und noch etwas«, setzte ich hinzu, – »der unwahrscheinlichste Platz für das Schwert eines Zauberers wäre ein profaner Ort. Demnach muß es an einem geweihten Platz sein – etwa in einer Kirche, wo es niemand zu stehlen wagt. Ich denke, mein Schwert befindet sich in einer Kirche in einem kleinen Dorf in der Nähe von Santiago. Es ist sichtbar für alle, aber es fällt niemandem auf. Von jetzt an werde ich also alle Kirchen am Weg der großen Sehnsucht durchsuchen.«

– »Das wird nicht nötig sein. Wenn der Moment kommt, wirst du es wissen.«

Ich hatte es geschafft!

– »Petrus, wieso sind wir so schnell gelaufen, und warum halten wir uns nun so lange in einer verlassenen Ortschaft auf?«

– »Was wäre wohl die unwahrscheinlichste Lösung?« Offenbar hatte er seine guten Gründe, eine Weile hierzubleiben.
Ich wollte mich unterhalten, um die Zeit totzuschlagen, aber ich bemerkte, daß Petrus sehr konzentriert war. Ich hatte ihn schon öfter in schlechter Stimmung erlebt, aber ich konnte mich nicht erinnern, ihn je so angespannt gesehen zu haben. Aber plötzlich fiel mir ein, daß er sich schon einmal so benommen hatte. Es war beim Frühstükken in einem Dorf, an dessen Namen ich mich nicht mehr erinnerte, kurz bevor wir...
Erschrocken drehte ich mich um. Da stand er. Der Hund! Der wilde Hund, der mich herausgefordert hatte, der feige Hund, der beim zweiten Mal davongelaufen war. Petrus hatte versprochen, mir bei der nächsten Begegnung beizustehen, und ich wandte mich ihm zu. Aber er war nicht mehr da.
Ich hielt den Blick des Tieres fest, während mein Verstand nach einer Lösung suchte, wie ich diese Situation meistern konnte. Keiner von uns beiden rührte sich von der Stelle, und ich mußte einen Moment an die Duelle in den Westernfilmen denken. Niemand käme je auf die Idee, ein Duell zwischen einem Mann und einem Hund zu inszenieren, das war zu unglaublich. Aber ich befand mich in dieser unglaublichen Situation. Dort stand Legion, denn es waren viele Geister. Neben mir befand sich ein verlassenes Haus. Wenn ich mich rasch bewegte, könnte ich mich auf seinem Dach in Sicherheit bringen.
Ich verwarf diese Idee jedoch sofort, während ich ihn weiterhin fixierte. Ich hatte mich oft vor diesem Moment gefürchtet, und nun war es soweit. Noch bevor ich mein Schwert fand, mußte ich den Feind besiegen. Wenn ich jetzt floh, war alles verloren. Vielleicht würde ich dem Hund nie wieder begegnen, aber ich würde ständig Angst davor haben.

Während ich darüber nachdachte, bewegte sich der Hund auf mich zu. Petrus hatte mich allein gelassen. Ich bekam Angst. Der Hund kam langsam auf mich zu und knurrte verhalten. Dieses leise Knurren war viel bedrohlicher als ein lautes Bellen, und meine Angst nahm zu. Als das Tier meine Schwäche erkannte, stürzte es sich mit einem Satz auf mich.
Es war, als ob ein Stein gegen meine Brust geprallt wäre. Ich stürzte und er griff mich an. Ich erinnerte mich vage an meinen Tod, und ich wußte, daß der anders verlaufen würde, dennoch konnte ich meine Angst nicht bezähmen. Ich wehrte mich, um wenigstens mein Gesicht und meine Kehle zu schützen. Ein starker Schmerz im Bein ließ mich zusammenzucken, er hatte mir eine tiefe Fleischwunde zugefügt. Ich nahm die Hände vom Kopf, um die Verletzung zu betasten. Dabei berührte meine Hand einen Stein. Schnell griff ich zu und schlug mit der ganzen Kraft meiner Verzweiflung auf den Hund ein.
Er wich ein wenig zurück – eher überrascht als verletzt, und ich konnte aufstehen. Der Hund zog sich weiter zurück, und der Stein verlieh mir neuen Mut. Ich hatte zu viel Respekt vor der Kraft des Feindes gehabt, und das war ein Fehler gewesen. Er konnte gar nicht stärker sein als ich. Er mochte flinker sein, aber niemals stärker, schließlich war ich größer und schwerer als er. Meine Angst schwand, aber ich verlor die Beherrschung und begann zu schreien. Ich ging mit dem Stein in der erhobenen Hand auf ihn zu. Der Hund wich noch weiter zurück und blieb plötzlich stehen.
Es schien, als könne er meine Gedanken lesen. Ich fühlte mich zwar stark, aber ich kam mir auch lächerlich vor, weil ich mit einem Hund kämpfte. Ein Gefühl von Macht durchdrang mich und eine leichte Brise wehte plötzlich in dieser verlassenen Ortschaft. Ich hatte keine Lust mehr, diesen Kampf fortzusetzen – schließlich würde es genü-

gen, den Stein auf den Kopf meines Feindes zu schleudern, um zu gewinnen.
Das war wieder ein Trugschluß. Der Hund sprang mich mit einem Satz an und warf mich erneut zu Boden. Diesmal biß er in meine Hand, so daß ich den Stein fallen ließ. Ich schüttelte ihn mit bloßen Händen, aber das schien ihm nicht zu schaden. Ich erreichte damit nur, daß er nicht mehr zubiß. Seine scharfen Krallen zerrissen meine Kleidung und drangen in mein Fleisch. Es war nur noch eine Frage der Zeit, bis er mich ganz beherrschte.
Plötzlich vernahm ich eine Stimme in mir. Sie sagte, daß der Kampf zu Ende sein würde und ich gerettet wäre, wenn er mich übermannte. Besiegt, aber am Leben. Mein Bein schmerzte höllisch, und die Wunden brannten wie Feuer. Die Stimme drängte mich, aufzugeben, und ich erkannte sie: Es war die Stimme meines Boten. Der Hund hielt einen Moment inne, als könnte auch er die Stimme hören. Mein Bote sagte mir, daß die meisten Menschen ihr Schwert nicht fanden – aber was spielte das für eine Rolle? Ich hatte wirklich große Lust, nach Hause zu meiner Frau zu fahren, Kinder in die Welt zu setzen und Geld zu verdienen mit dem, was mir Freude machte. Ich hatte genug Verrücktheiten erlebt – einen Kampf mit einem Hund und eine Kletterpartie durch einen Wasserfall. Diesmal war der Wunsch, alles aufzugeben, so stark, daß ich überzeugt war, mich im nächsten Augenblick zu ergeben.
Ein Geräusch auf der Straße erregte die Aufmerksamkeit des Hundes. Ich sah einen Hirten, der seine Schafherde von der Weide führte. Als der Hund die Schafe sah, ließ er von mir ab, um sie anzugreifen. Das war meine Rettung. Der Hirt schrie, und die Schafe rannten durcheinander. Ich wollte den Hund beschäftigen, um den Schafen Zeit zur Flucht zu verschaffen. Ich hielt ihn an einem Bein fest. Ich hatte die absurde Hoffnung, daß mir der Hirt zu Hilfe kommen würde. Der Hund versuchte sich freizumachen.

Ich war kein Feind mehr, sondern eine Behinderung. Seine ganze Bosheit richtete sich jetzt gegen die Schafe. Aber ich lockerte meinen Griff nicht und wartete vergeblich auf die Hilfe. Die Schafe blieben wo sie waren und brachten sich nicht in Sicherheit.
In dieser Sekunde wurde meine Seele gerettet. Eine gewaltige Kraft durchströmte mich. Mein Bote meldete sich wieder, aber diesmal gab er mir einen anderen Rat. Er sagte, daß ich mich immer mit den gleichen Waffen wehren müßte, mit denen ich herausgefordert wurde. Und um einem Hund entgegenzutreten, müßte ich mich selber in einen Hund verwandeln.
Legion bemerkte die Veränderung und war beunruhigt. Ich versetzte ihm einen gewaltigen Hieb und versuchte, meine Zähne in seine Kehle zu schlagen. Ich war nur noch von dem einen Wunsch beseelt, zu siegen. Nichts anderes war von Bedeutung. Ich warf mich auf den Hund, und er versuchte verzweifelt, sich vom Gewicht meines Körpers zu befreien. Aber ich durfte ihn nicht entkommen lassen – heute mußte ich ihn überwinden.
Legion sah mich erschrocken an. Jetzt war ich selbst ein rasender Hund, und er schien sich in einen Menschen zu verwandeln. Meine alte Angst wirkte jetzt so stark in ihm, daß er sich befreien konnte, aber ich schloß ihn im Hinterhof eines verlassenen Hauses ein. Hinter einer kleinen Schiefermauer war der Abgrund und er hatte keine Fluchtmöglichkeit.
Plötzlich bemerkte ich, daß etwas nicht stimmte: Ich war zu stark. Mir wurde schwindlig, und ich sah ein Zigeunergesicht und andere diffuse Gestalten vor mir. Die Dämonen hatten den armen Hund verlassen und hatten von mir Besitz ergriffen. Eine gewaltige Macht trieb mich dazu an, den Hund zu erschlagen, aber ich mußte diesem Drang widerstehen. Ich durfte das wehrlose Tier nicht umbringen.

Ein kurzer Seitenblick auf den Hirten bestätigte meine Vermutung. Er war erschrockener über mich, als über den Hund.
Mir wurde erneut schwindlig, und die Landschaft um mich herum drehte sich. Ich durfte auf keinen Fall ohnmächtig werden, sonst hätte Legion über mich gesiegt. Es mußte eine Lösung geben. Jetzt rang ich nicht mehr mit dem Tier, sondern gegen die Macht, die mich in ihrer Gewalt hatte. Meine Beine wurden schwach und ich lehnte mich gegen die Mauer, aber sie hielt meinem Gewicht nicht stand. Zwischen Steinen und Holzstücken fiel ich mit dem Gesicht auf die Erde.
Die Erde. Legion war Frucht der Erde. Dort war sein Zuhause, und von dort aus regierte er – oder er wurde durch die Erde regiert. Agape explodierte in meinem Innern, und ich grub meine Finger in die Erde. Ich fühlte, wie Legion durch meinen Körper hindurch in die Erde glitt, denn in mir war die allumfassende Liebe und Legion wollte sich nicht von ihr verschlingen lassen. Mein ganzer Leib zitterte.
Legion fuhr kraftvoll in die Erde hinab. Ich mußte mich übergeben, aber ich merkte, daß Agape in mir wuchs und durch alle meine Poren drang. Mein Körper zitterte noch immer, bis ich nach einiger Zeit fühlte, daß Legion in sein Reich zurückgekehrt war.
Geschunden und erschöpft setzte ich mich auf und sah eine absurde Szene vor meinen Augen: Ein verletzter Hund, der freundlich mit dem Schwanz wedelte, und ein erschrockener Hirte, der mich ängstlich anstarrte.
– »Sicher haben Sie etwas Schlechtes gegessen«, versuchte er mich zu trösten. Er wollte nicht glauben, was er gesehen hatte. – »Sie werden sich bald besser fühlen.«
Ich nickte. Er bedankte sich, daß ich ›meinen‹ Hund zurückgehalten hatte, und machte sich dann schleunigst davon.

Petrus tauchte auf, sagte aber nichts. Er schnitt einen Streifen von seinem Hemd ab und legte mir einen Preßverband am Bein an, um die starke Blutung zu stillen.
– »Du siehst ziemlich ramponiert aus«, meinte er wohlwollend. Seine gute Laune war zurückgekehrt.
– »In deinem Zustand ist es nicht ratsam, das Eisenkreuz aufzusuchen. Dort gibt es sicher Touristen, denen du einen tödlichen Schrecken einjagen würdest.«
Das war mir gleich. Ich stand auf, klopfte den Staub von meinen Kleidern ab und prüfte, ob ich gehen konnte. Petrus schlug mir vor, die RAM-Atem-Übung zu machen. Ich gehorchte. In einer halben Stunde würden wir das Kreuz erreichen.
Und eines Tages würde Foncebadon aus seinen Ruinen auferstehen. Legion hat dort viel Energie hinterlassen.

Die Schatten-Übung

Entspanne dich.
Betrachte alle Schatten von Personen oder Dingen in deiner Umgebung. Versuche genau herauszufinden, welcher Gegenstand den Schatten wirft.
Während du die Schatten weiterhin betrachtest, denkst du an das Problem, das du lösen willst.
Stelle dir alle möglichen falschen und unwahrscheinlichen Lösungen vor.
Denke danach an die möglichen richtigen Lösungen, die übrigbleiben. Eliminiere eine nach der anderen, bis nur noch die einzig richtige Lösung für dein Problem übrigbleibt.
Diese Übung sollte insgesamt 15 Minuten dauern.

Das Befehlen und das Gehorchen

Das Eisenkreuz konnte ich nur noch mit Petrus' Hilfe erreichen, denn die Wunde an meinem Bein behinderte mich beim Gehen. Als er das Ausmaß der Verletzungen erkannte, beschloß er, daß ich mich so lange ausruhen sollte, bis ich mich genügend erholt hatte, um den Weg nach Santiago fortsetzen zu können. Es gab ein Dorf in der Nähe, in dem schon seit alters her Pilger, die von der Nacht überrascht wurden, Quartier gefunden hatten. Petrus mietete zwei Zimmer bei einem Schmied.

Mein Zimmer hatte eine kleine Veranda, die mir Blick auf die Berge bot, die noch zu bewältigen waren, bevor wir nach Santiago gelangten. Ich fiel ins Bett und erwachte am nächsten Tag mit leichtem Fieber.

Petrus brachte Wasser aus einer Heilquelle, die von den Einwohnern als ›Brunnen ohne Grund‹ bezeichnet wurde, und wusch damit meine Wunden. Nachmittags brachte er eine Alte aus der Umgebung mit, die verschiedene Heilkräuter auf die Wunden und Kratzer legte und mich zwang, einen bitteren Tee zu trinken.

Am nächsten Tag kehrte das Fieber zurück. Petrus und die Alte flößten mir wieder Tee ein und behandelten die Wunden mit Kräutern, aber das Fieber sank nicht. Mein Führer machte sich auf den Weg, um Verbandszeug und Pflaster zu besorgen.

Nach einigen Stunden kam er mit einem jungen Arzt zurück, der unbedingt wissen wollte, wo der Hund war, der mich gebissen hatte.

– »Nach der Wunde zu urteilen, muß es sich um ein tollwütiges Tier gehandelt haben«, konstatierte er mit ernster Miene.
– »Ach nein«, widersprach ich. – »Es war nur ein Spiel, das zu weit ging. Ich kenne den Hund schon lange.«
Doch der Arzt ließ sich nicht überzeugen. Er spritzte mir ein Antiserum. Petrus begleitete den Arzt hinaus. Immerhin hatten wir bekommen, was wir brauchten: frische Mullbinden, Pflaster und eine Wundsalbe. Aber Petrus und die Alte benutzten die Salbe nicht. Sie legten weiterhin Kräuter auf die Wunden. Nachts knieten die beiden neben meinem Bett, hielten die Hände über meinen Körper und beteten.
Nach zwei Tagen fühlte ich mich besser. Ich ging auf die Veranda und beobachtete einige Soldaten, die die umliegenden Häuser absuchten. Ich fragte einen, was das zu bedeuten habe.
– »Hier soll sich ein tollwütiger Hund herumtreiben«, antwortete er.
An diesem Nachmittag forderte mich der Schmied auf, sein Haus zu verlassen, sobald ich reisefähig sei. Die Geschichte hatte sich unter den Dorfbewohnern herumgesprochen, und sie hatten Angst, daß ich die Krankheit verbreiten könnte. Petrus versuchte, den Schmied davon zu überzeugen, daß ich nur verletzt war, aber er blieb unbeugsam.
Am folgenden Tag befand ich mich wieder auf dem Weg der großen Sehnsucht. Ich fragte Petrus, ob er wegen meiner Genesung beunruhigt gewesen sei.
– »Es gibt eine Faustregel auf dem Jakobsweg, die heißt: Es gibt nur einen Grund, die Wallfahrt abzubrechen – die Krankheit. Wenn die Wunden nicht verheilt und das Fieber nicht zurückgegangen wäre, hätten wir die Reise beendet. Aber«, fügte er mit Genugtuung hinzu, – »meine Gebete wurden erhört.«

Wir gingen bergab, und Petrus behauptete, daß es noch zwei Tage so weiterging. Wir hatten wieder unseren ursprünglichen Rhythmus mit der Siesta, wenn die Sonne am höchsten stand, eingeführt. Wir hatten keine Eile – die vorgesehene Begegnung hatte stattgefunden.
Meine Gemütsverfassung wurde immer besser, und ich war sehr zufrieden mit mir. Ich hatte einen Wasserfall bewältigt und die Dämonen besiegt. Jetzt fehlte nur noch das wichtigste: mein Schwert. Ich sprach mit Petrus darüber.
Er dämpfte mein Glücksgefühl erheblich. – »Der Sieg war schön, aber im entscheidenden Augenblick hast du versagt.«
– »Was meinst du damit?«
– »Du hast den genauen Zeitpunkt deiner Auseinandersetzung nicht rechtzeitig erkannt. Ich mußte einen schnellen Marsch einlegen, und du hast dabei immer nur an dein Schwert gedacht. Was nützt ein Schwert, wenn man nicht weiß, wo man dem Feind begegnet?«
– »Das Schwert ist mein Machtinstrument«, entgegnete ich kleinlaut.
– »Du bist zu überzeugt von deiner Macht«, sagte er.
– »Der Wasserfall, die Anwendungen von RAM, die Unterhaltung mit deinem Boten ließen dich vergessen, daß noch ein Feind zu besiegen war. Bevor die Hand das Schwert führt, muß sie den Feind erkennen und wissen, wie sie ihm begegnet. Das Schwert führt nur den Hieb aus, aber die Hand ist davor schon Sieger oder Verlierer. Du konntest Legion auch ohne dein Schwert besiegen. Es gibt ein Geheimnis bei dieser Suche, das du noch nicht entdeckt hast. Aber wenn du dieses Geheimnis nicht aufdeckst, findest du nie, was du suchst.«
Ich schwieg betreten. Immer wenn ich glaubte, meinem Ziel ganz nahe zu sein, machte mir Petrus klar, daß ich ein einfacher Pilger war und daß immer noch etwas fehlte,

um ans Ziel zu gelangen. Die Freude, die ich gerade noch empfunden hatte, wich der Niedergeschlagenheit.
Millionen von Pilgern sind während zwölf Jahrhunderten diesen Pilgerweg gegangen. Für sie war es nur eine Frage der Zeit, wann sie in Santiago de Compostela ankamen. Aber in meinem Fall errichtete die Tradition ein Hindernis nach dem anderen, und ich mußte alle bewältigen und durfte keinem ausweichen.
Ich sagte Petrus, daß ich müde sei, und wir setzten uns in den Schatten. Große Holzkreuze säumten den Weg.
– »Ein Feind symbolisiert immer unsere Schattenseite – das kann die Angst vor körperlichen Schmerzen, die Vorfreude auf den Sieg oder der Wunsch sein, den Kampf aufzugeben, weil man das Gefühl hat, daß er sich nicht lohnt.
Der Feind läßt sich nicht nur auf den Kampf ein, weil er weiß, daß er uns genau an der Stelle, die wir für unbesiegbar halten, treffen kann. Während des Kampfes versuchen wir immer, unsere schwachen Stellen zu schützen, während der Feind die ungeschützte Seite angreift, in die wir so viel Vertrauen hatten. Und wir werden überwältigt, weil wir dem Feind sozusagen die Wahl der Waffen überlassen.
Kämpfen heißt nicht nur, sein Leben zu verteidigen. Es ist auch ein Liebesdienst. Der Feind ist uns behilflich, uns zu entwickeln und zu vervollkommnen. Der Feind ist ein Teil von Agape, und er ist dazu da, uns auf die Probe zu stellen und unsere Geschicklichkeit, unseren Willen und unseren Einsatz zu prüfen. Der Feind existiert – genau wie wir –, weil er eine Aufgabe zu erfüllen hat. Deshalb ist es viel schlimmer, vor der Auseinandersetzung zu flüchten, als den Kampf zu verlieren. Denn aus der Niederlage können wir immer etwas lernen, während wir durch die Flucht nur einen Aufschub erreichen.«
Ich sagte, daß ich erstaunt sei, Petrus so über Gewalt

reden zu hören, obwohl er doch offensichtlich eine starke Beziehung zu Jesus habe.

– »Denk an die Bedeutung, die Judas für Jesus hatte«, sagte er. – »Jesus mußte einen Feind haben, um seinen Kampf auf Erden allen verständlich zu machen und seinen Sieg unter Beweis zu stellen.«

Die Holzkreuze am Wegrand gaben Zeugnis davon, wie dieser Sieg errungen worden war. Mit Blut und Verrat. Ich stand auf und sagte, daß ich zum Weitergehen bereit sei.

– »Zuvor möchte ich noch etwas klarstellen«, sagte Petrus. – »Der Feind vertritt selten das Böse. Er ist immer anwesend, denn ein Schwert ohne Einsatz verrostet in der Scheide.

Das Leben lehrt uns mehr als der Weg der großen Sehnsucht. Nur vertrauen wir diesen Lehren zuwenig.«

Die Kreuze standen jeweils im Abstand von dreißig Metern am Weg. Ich fragte Petrus nach ihrer Bedeutung.

– »Es sind alte Folterinstrumente. Wahrscheinlich hat jemand ein Gelübde abgelegt und sie hier aufgestellt.«

Wir blieben vor einem umgefallenen Kreuz stehen. Petrus sah sich um, dann legte er den Rucksack ab und setzte sich hin. Wir hatten gerade vor wenigen Minuten gerastet, so daß ich seine Geste nicht verstand. Instinktiv drehte ich mich um und hielt Ausschau nach dem Hund.

– »Du hast den Hund besiegt«, erinnerte er mich, als könne er meine Gedanken lesen. – »Erschrick nicht vor Gespenstern.«

Petrus machte mir ein Zeichen, still zu sein, und schwieg einige Minuten. Dann fragte er plötzlich: – »Was kannst du hören?«

– »Nichts. Die Stille.«

– »Schön wäre es, wenn wir so erleuchtet wären, daß wir die Stille hören könnten. Aber wir können ja nicht mal unserem eigenen Geschwätz lauschen. Du hast mich nie gefragt, wie ich die Ankunft von Legion vorhergeahnt

habe – ich werde es dir verraten: ich habe seine Gegenwart gehört. Das Geräusch begann schon viele Tage zuvor, und darum ging ich schneller, denn alles ließ darauf schließen, daß die Begegnung in Foncebadon stattfinden würde. Du hast dasselbe Geräusch gehört, aber du hast es nicht wahrgenommen.
Man kann die Vergangenheit, die Gegenwart und die Zukunft aus den Geräuschen erkennen. Aber ein Mensch, der nicht lauschen kann, kann auch die Ratschläge nicht vernehmen, die uns das Leben in jedem Moment erteilt. Nur wer das Geräusch der Gegenwart vernimmt, kann die richtige Entscheidung fällen.«
Petrus empfahl mir, den Hund zu vergessen und mich zu setzen. Dann sagte er, daß er mir eine der leichtesten und wichtigsten Anwendungen des Jakobsweges beibringen wolle.
Und er erklärte mir die *Übung des Lauschens.*
– »Am besten, du probierst es gleich aus«, meinte er.
Ich begann mit der Übung. Ich hörte den Wind, eine weibliche Stimme in der Ferne, das Geräusch eines zerbrechenden Zweiges. Dann hielt ich mein Ohr gegen den Erdboden und vernahm den dumpfen Ton der Erde. Nach und nach begann ich jedes Geräusch einzeln zu hören: das Rascheln der trockenen Blätter, den Ton der fernen Stimme, den Flügelschlag eines Vogels. Die fünfzehn Minuten der Übung flogen dahin.
– »Mit der Zeit wirst du erkennen, daß dir diese Übung dazu verhilft, jeweils die richtige Entscheidung zu fällen«, sagte Petrus, ohne danach zu fragen, was ich gehört hatte.
– »Agape spricht über den blauen Globus, aber sie spricht auch über die Augen, die Berührung, den Geruchssinn, das Herz und über das Gehör. Etwa nach einer Woche wirst du beginnen, Stimmen zu hören, zuerst noch vage, aber dann immer deutlicher. Gib nur auf

deinen Boten acht, der dich verwirren will. Aber da du seine Stimme bereits kennst, wird sie keine Gefahr mehr darstellen.«

Nach einer Pause sagte er: – »Schau dir das umgestürzte Kreuz an und versuche, es mit deiner Gedankenkraft aufzustellen, damit du deinen Gedanken zu vertrauen lernst.«

Ich setzte mich im Lotussitz auf den Boden. Ich wußte, daß ich das, nach allem, was ich schon geschafft hatte, auch bewältigen würde. Ich stellte mir vor, daß ich meinen Körper verließ, um mit meinem Astralleib das Kreuz aufzurichten. Schließlich hatte ich auf dem Weg der Tradition schon einige solcher kleinen ›Wunder‹ vollbracht. Ich konnte Gläser und Porzellanfiguren zerspringen lassen und Gegenstände auf dem Tisch bewegen. Das war ein einfacher Zaubertrick, der zwar keine Macht bedeutet, aber die Ungläubigen überzeugt. Bisher hatte ich es noch nie mit so einem großen, schweren Gegenstand versucht, aber wenn Petrus es mir auftrug, dann mußte es machbar sein.

Während einer halben Stunde versuchte ich es auf alle Arten. Ich unternahm eine Astralreise und ich benutzte meine Vorstellungskraft. Ich wiederholte die Zauberformel, die mein Meister bei der Aufhebung der Schwerkraft benutzte. Aber nichts geschah. Ich war enttäuscht. Ich rief meinen Boten zu Hilfe, aber als ich ihm von dem Kreuz erzählte, sagte er, daß er diesen Gegenstand von ganzem Herzen verabscheue.

Petrus holte mich aus der Trance zurück.

– »Wenn du das Kreuz nicht mental aufstellen kannst, dann tue es mit deinen Händen.«

Ich erschrak. Plötzlich stand ein strenger Mann vor mir, ganz anders als jener, der meine Wunden so liebevoll versorgt hatte. Ich wußte nicht, was ich sagen sollte.

– »Gehorche! Das ist ein Befehl!«

Noch waren meine Arme und Hände verbunden. Trotz der Übung des Lauschens wollte ich nicht glauben, was ich gehört hatte. Schweigend zeigte ich ihm meine Verbände. Aber er betrachtete mich ohne jede Regung und herrschte mich an: – »Worauf wartest du noch? Entweder du gehorchst, oder unsere Wallfahrt endet hier.«
Die Angst überwältigte mich. In diesem Moment hatte ich mehr Angst vor Petrus als vor dem Wasserfall oder dem Hund. Verzweifelt bat ich die Natur um einen Hinweis, daß ich etwas sehen oder hören könne, was diesen sinnlosen Befehl rechtfertigte. Aber alles blieb still. Ich mußte gehorchen oder mein Schwert aufgeben.
Also beschloß ich, zu gehorchen.
Ich ging zu dem Kreuz und versuchte, es mit dem Fuß zu bewegen, um sein Gewicht zu testen. Es rührte sich kaum. Selbst mit gesunden Händen hätte ich die größte Mühe gehabt, es aufzustellen, doch so war es fast unmöglich. Aber ich würde gehorchen. Ich würde Blut schwitzen wie Jesus, als er diese Bürde tragen mußte, aber Petrus sollte meine Würde erkennen, und vielleicht würde er Erbarmen haben und mich aus der Prüfung entlassen.
Das Kreuz war an der Basis gebrochen, doch es hing noch an einigen Holzfasern fest. Mein erstes Problem war also nicht, es zu bewegen, sondern es von der Basis zu befreien. Dann mußte ich ein Loch graben und es dort fest verankern. Da ich kein Taschenmesser hatte, suchte ich einen scharfen Stein. Ich ignorierte den Schmerz und bearbeitete die Holzfasern.
Der Schmerz nahm beständig zu und die Fasern gaben nur langsam nach. Ich mußte aufpassen, daß die Wunden nicht wieder aufbrachen. Ich zog mein Hemd aus und wickelte es um die Hand. Eine Faser nach der anderen zerriß. Der Stein wurde stumpf, und ich suchte mir andere spitze Steine, die ich der Reihe nach benutzte. Die Hauptfaser widerstand hartnäckig. Verzweifelt sägte und schlug

ich auf sie ein, bis etwas Glitschiges unter dem Verband meine Bewegungen erschwerte. Ich biß die Zähne zusammen, und endlich schien die Faser nachzugeben. Mit einem gewaltigen Fußtritt löste sich das Kreuz von der Basis.

Doch meine Freude währte nur kurz. Die Hand begann heftig zu pochen, noch bevor ich die eigentliche Aufgabe begonnen hatte. Verzweifelt sah ich Petrus an. Er war eingeschlafen.

Ich betrachtete die gelbliche Erde und suchte einen größeren Stein. Dann wickelte ich das Hemd um die linke Hand, weil in der rechten der Schmerz tobte, und begann, ein Loch zu graben. Der Boden war hart und ausgetrocknet, und ich kam nur langsam voran.

So grub ich eine geraume Zeit, und immer wenn meine Hand Erde aus dem Loch holte, dachte ich an Petrus und haßte ihn von ganzem Herzen. Doch das schien seinen Schlaf nicht zu stören. Er mußte wohl seine Gründe haben, mich so zu peinigen. Die Wut verlieh mir Kraft. Jetzt war es nur noch eine Frage der Zeit, bis ich es geschafft hatte.

Plötzlich stieß der Stein auf einen harten Gegenstand. Genau das hatte ich befürchtet – nach so viel Mühe war ich auf einen riesigen Stein gestoßen und konnte nicht fortfahren.

Ich erhob mich, wischte den Schweiß vom Gesicht und dachte nach. Um das Kreuz an eine andere Stelle zu schleppen, war ich nicht stark genug. Auch konnte ich nicht alles von vorn beginnen, weil meine linke Hand schon fast taub war. Das Loch war noch nicht tief genug, um dem Kreuz Halt zu geben.

– »Die falsche Lösung wird dich zur richtigen führen«, hatte Petrus gesagt. Außerdem hatte er ständig wiederholt, daß die Anwendungen von RAM nur dann einen Sinn ergäben, wenn sie bei den täglichen Herausforderungen des Lebens angewandt würden.

Wenn es also der falsche Weg war, das Loch tiefer zu graben, könnte ich den Boden erhöhen. Aber wie?
In diesem Augenblick kehrte meine ganze Zuneigung für meinen Führer zurück. Er hatte recht – die falsche Entscheidung führte immer zu der richtigen.
Ich sammelte alle Steine der Umgebung und häufte sie um das Loch an. Mit viel Mühe unterlegte ich auch den Fuß des Kreuzes mit Steinen, damit es höher lag. In einer halben Stunde war das Loch tief genug.
Jetzt mußte ich nur noch das Kreuz in das Erdloch rammen. Eine Hand war gefühllos, die andere schmerzte. Aber ich hatte einen gesunden Rücken. Wenn ich mich unter das Kreuz legte und es langsam anhob, könnte es in das Loch gleiten. Ich legte mich auf den Bauch, mit der linken Hand hob ich das Kreuz etwas an und schob mich darunter. Dann dachte ich an die Samen-Übung, langsam nahm ich die Fötus-Stellung unter dem Kreuz ein und balancierte es auf meinem Rücken aus.
– »Wie gut, daß ich nicht das Universum retten muß«, dachte ich unter der Last des Kreuzes und all dem, was es symbolisierte. Und ein tiefes Gefühl von Religiosität überkam mich.
Dann erhob ich mich langsam auf die Knie und begann die Samen-Übung. Ich konnte nicht zurückschauen, die Geräusche waren meine einzige Orientierung. Das Gewicht des Kreuzes lastete auf mir, aber es hob sich langsam, um mich von der Prüfung zu erlösen und wieder seinen Platz am Jakobsweg einzunehmen.
Es fehlte nur noch die letzte Hürde. Wenn ich auf meinen Fersen saß, mußte es von meinem Rücken in das Loch gleiten. Dies war der schwierigste Augenblick, weil man Angst bekommt, zu versagen, und am liebsten aufgeben würde. Mit einem Ruck richtete ich mich auf, und das Kreuz glitt ab. Ich sprang zur Seite und hörte den dumpfen Aufprall auf dem Grund.

Langsam drehte ich mich um. Das Kreuz stand und schwankte leicht hin und her. Einige Steine rollten von dem Hügel, aber das Kreuz blieb an seinem Platz. Schnell legte ich die Steine zurück und trat sie fest. Dann umarmte ich das Kreuz und fühlte, daß es während der ganzen Aufgabe mein Verbündeter gewesen war.

Einige Zeit betrachtete ich mein Werk mit Genugtuung, bis die Wunden wieder zu schmerzen begannen. Petrus schlief immer noch. Ich ging zu ihm und stieß ihn sanft an. Er erwachte sofort und sah das Kreuz.

– »Sehr gut«, war sein einziger Kommentar. – »In Ponferrada wechseln wir den Verband.«

Die Übung des Lauschens

Entspanne dich und schließe die Augen.
Versuche, dich während einiger Minuten auf alle Geräusche zu konzentrieren, die dich umgeben.
Nach und nach erkennst du jeden einzelnen Ton. Konzentriere dich auf jeweils ein Geräusch, als würdest du versuchen, in einem Orchester nur ein Instrument herauszuhören. Versuche, die anderen Geräusche aus deinem Gedächtnis zu verbannen.
Mit der täglichen Ausführung dieser Übung wirst du beginnen, Stimmen zu hören. Zuerst wirst du glauben, daß es Einbildung ist. Dann entdeckst du, daß es Stimmen von vergangenen, gegenwärtigen und zukünftigen Personen sind.
Diese Übung sollte nur dann gemacht werden, wenn du die Stimme deines Boten schon kennst.
Mindestdauer: zehn Minuten.

Die Tradition

Die Kreuz-Episode schien schon weit zurückzuliegen – nicht erst gestern. Sie paßte überhaupt nicht zu dem Badezimmer aus schwarzem Marmor, der Hydromassagewanne und dem Kristallkelch mit köstlichem Rioja-Wein. Petrus befand sich außer meiner Sichtweite im luxuriösen Hotelzimmer, in das wir uns einquartiert hatten.

Ich zog meine lange Hose an und wechselte den Verband. Die Wunden begannen zu vernarben, und ich fühlte mich erholt.

Das Abendessen nahmen wir im Hotelrestaurant ein. Petrus bestellte die Spezialität des Hauses – eine Paella Valenciana –, die wir schweigend genossen. Nach dem Mahl lud er mich zu einem Spaziergang ein.

Wir gingen in Richtung Bahnhof. Wir kamen zu einem Gleis, auf dem schmutzige Güterzüge abgestellt waren. Petrus setzte sich auf das Trittbrett einer riesigen Lokomotive.

– »Laß uns hierbleiben«, sagte er.

Ich wollte meine Hose nicht mit Öl beschmutzen und blieb stehen. Ich fragte, ob es nicht sinnvoller sei, zum Hauptplatz von Ponferrada zu gehen.

– »Der Weg nach Santiago ist bald zu Ende«, sagte mein Führer. – »Weil unsere Realität viel näher bei diesen Waggons zu finden ist als an den idyllischen Flecken, die wir auf unserer Wanderschaft kennengelernt haben, ist es besser, wenn unser heutiges Gespräch hier stattfindet.«

Petrus bat mich, meine Tennisschuhe und das Hemd auszuziehen. Er war ernster als gewöhnlich, und der Klang seiner Stimme beunruhigte mich. Etwas Wichtiges würde geschehen.

Er sah mich feierlich an und begann zu sprechen: – »Ich werde dir nichts über die gestrige Episode erzählen. Du wirst ihre Bedeutung selbst herausfinden. Doch das kann nur dann geschehen, wenn du eines Tages den Pilgerweg nach Rom unternimmst, den Weg der Gnade und der Wunder. Nur eines will ich noch dazu sagen: Die Menschen, die sich für weise halten, sind unsicher in der Stunde des Befehlens und aufmüpfig in der Stunde des Dienens. Sie empfinden es als Schande, zu befehlen oder zu dienen. Hüte dich davor, dich so zu benehmen.

Deine Lehrzeit ist noch nicht beendet: Du mußt noch dein Schwert finden und das Geheimnis aufdecken, das es birgt.

Schließ die Augen und mache die RAM-Atem-Übung, damit du dich mit diesen Eisenbahnwaggons und dem Ölgeruch in Einklang bringst. Du darfst die Augen erst wieder öffnen, wenn ich meinen Teil erledigt habe und dir eine neue Übung beibringe.«

Ich schloß die Augen und konzentrierte mich auf die Atmung. Ich hörte die Geräusche der Stadt, einige bellende Hunde und Stimmengemurmel in der Nähe. Plötzlich hörte ich Petrus ein italienisches Lied singen, das zu meiner Jugendzeit ein großer Erfolgsschlager gewesen war. Zwar verstand ich die Worte nicht, aber das Lied weckte alte Erinnerungen in mir und half mir, mich zu entspannen.

– »Vor einiger Zeit«, erzählte Petrus, als er das Lied beendet hatte, – »als ich gerade ein Projekt für die Präfektur von Mailand entwarf, erhielt ich eine Nachricht von meinem Meister, daß jemand den Weg der Tradition bis zu Ende gegangen sei, aber sein Schwert nicht erhalten habe. Ich sollte ihn auf dem Weg der großen Sehnsucht führen.

Das war keine Überraschung für mich. Ich hatte schon auf diesen Ruf gewartet, um mein Versprechen einzulö-

sen, einen Pilger auf dem Jakobsweg auf die gleiche Weise zu begleiten, wie ich selbst geführt worden war. Aber es beunruhigte mich, weil es das erste und einzige Mal sein würde, daß ich diese Mission erfüllen sollte. Ich war nicht sicher, ob ich dieser Aufgabe gewachsen war.
Wir trafen uns, und ich führte dich. Ich gebe zu, daß es am Anfang recht schwierig war, weil du mehr an der intellektuellen Seite der Lektionen interessiert warst, als am eigentlichen Sinn der Wallfahrt, die ein Weg der einfachen Menschen ist. Nach der Begegnung mit Alfonso hatte ich einen besseren Zugang zu dir und glaubte, dir das Geheimnis deines Schwertes vermitteln zu können. Aber das war leider ein Trugschluß, so daß du in der kurzen Zeit, die dir noch bleibt, dieses Geheimnis allein ergründen mußt.«
Seine Rede machte mich nervös und bewirkte, daß ich bei der RAM-Übung aus dem Rhythmus geriet. Petrus mußte das bemerkt haben, denn er sang wieder das alte Lied und hörte erst auf, als ich mich beruhigt hatte.
– »Wenn du das Geheimnis entdeckst und dein Schwert findest, wirst du auch Macht haben. Aber das genügt nicht. Um die Weisheit zu erlangen, mußt du die drei anderen Pilgerwege zurücklegen, einschließlich des Geheimweges, der dir nicht verraten wird. Ich erzähle dir das alles, weil wir uns nur noch einmal begegnen werden.«
Mein Herz blieb stehen, und ich öffnete erschrocken die Augen. Eine leuchtende Aura umgab Petrus, die ich nur bei meinem Meister gesehen hatte.
– »Schließ die Augen!«
Ich gehorchte. Mein Herz war ängstlich, und ich konnte mich nicht mehr konzentrieren. Mein Führer begann wieder zu singen, und erst nach längerer Zeit wurde ich ruhiger.
– »Morgen wirst du einen Zettel vorfinden mit der Botschaft, wo ich mich befinde. Dort wird ein kollektives Einweihungsritual vorgenommen. Du darfst nicht mit mir

sprechen, da es ein heiliger Ort ist, getränkt mit dem Blut der Ritter, die jahrhundertelang den Weg der Tradition gingen und trotz ihrer geschärften Schwerter die dunklen Mächte nicht besiegen konnten. Aber ihr Opfermut war nicht vergeblich. Zum Beweis dafür werden sich morgen dort Personen versammeln, die unterschiedliche Wege gehen, um ihnen Tribut zu leisten. Eins merke dir: Selbst wenn du Meister wirst, vergiß nie, daß viele Wege zu Gott führen und deiner nur einer davon ist. Jesus sagte, daß im Haus seines Vaters viele Wohnungen sind, und er wußte, was er sagte.«

Petrus wiederholte, daß ich ihn morgen zum letzten Mal sehen würde.

– »Eines Tages, in der Zukunft, wirst du eine Nachricht von mir erhalten, daß du jemanden auf dem Weg nach Santiago begleiten sollst, so wie ich es mit dir getan habe. Dann erst wirst du das große Geheimnis dieser Wanderschaft ergründen – ein Geheimnis, das ich dir jetzt mit Worten verraten werde. Aber du mußt es selbst erleben, um es zu verstehen.«

Es entstand eine lange Pause. Ich glaubte schon, er hätte seine Meinung geändert und wäre fortgegangen. Am liebsten hätte ich die Augen geöffnet, um nachzusehen, was los war.

– »Das Geheimnis ist folgendes«, sagte seine Stimme endlich. – »Du kannst nur lernen durch das Lehren. Wir wanderten gemeinsam auf dem Jakobsweg, aber während du die Lektionen von RAM gelernt hast, konnte ich ihre Bedeutung erst richtig erkennen. Während ich dich anleitete, erkannte ich meinen eigenen Weg. Wenn du dein Schwert findest, bist du verpflichtet, einen anderen den Weg zu führen, und erst wenn du die Rolle des Meisters annimmst, wirst du alle Antworten in deinem Herzen finden.«

Ich erlebte die ungewöhnlichste Verabschiedung meines

Lebens. Jemand, zu dem ich eine so intensive Verbindung gehabt hatte und der mich zu meinem Ziel führen sollte, ließ mich plötzlich mit geschlossenen Augen allein auf einem Bahnsteig zurück.
– »Ich liebe keine Abschiedsszenen«, fuhr Petrus fort.
– »Als Italiener bin ich sehr gefühlvoll. Du mußt dein Schwert allein finden, damit du an deine Macht glauben kannst. Alles, was ich dich lehren konnte, habe ich dir beigebracht. Es fehlt nur noch die *Tanz-Übung*, die ich dir jetzt erklären werde, damit du sie morgen während der Einweihung ausführen kannst.
Jetzt öffne die Augen.«
Ich konnte nichts sagen, weil ich als Brasilianer auch gefühlvoll bin.
Dann lehrte mich Petrus die ›Tanz-Übung‹.
– »Und noch was«, sagte er und sah mir in die Augen.
– »Als ich damals meine Wallfahrt beendet hatte, malte ich ein schönes großes Bild, in dem ich alles ausdrückte, was ich erlebt hatte. Ich würde dir raten, das gleiche zu tun. Wenn du nicht malen kannst, dann schreibe. So können auch andere über dich den Jakobsweg, die Milchstraße, den Weg der großen Sehnsucht erleben.«
Ein Zug fuhr in den Bahnhof ein. Petrus winkte mit der Hand und verschwand zwischen den Waggons.
Am nächsten Tag fand ich einen Zettel in meinem Schlüsselfach vor: »19.00, Castillo de los Templarios« stand darauf.
Tagsüber schlenderte ich kreuz und quer durch die kleine Stadt Ponferrada, während ich zu dem Hügel hinüberspähte, auf dem das alte Castillo stand. Die Templer hatten meine Phantasie schon immer angeregt, und dieses Schloß war nicht die einzige Spur des Templerordens auf dem Jakobsweg. Während die Edelleute jener Epoche lediglich auf ihr persönliches Wohl bedacht waren, widmeten die Tempelritter ihr Leben und ihr Vermögen nur

einer Sache – die Pilger auf dem Weg nach Jerusalem zu beschützen.
Im Jahre 1119 versammelte sich Hugnes de Payns mit acht weiteren Rittern im Hof eines verlassenen Schlosses, und sie schworen Liebe für die Menschheit. Zwei Jahrhunderte später gab es bereits über fünftausend Komtureien, die das religiöse mit dem militärischen Leben verbanden. Die Spenden Tausender dankbarer Pilger machte den Templerorden zu einer machtvollen Institution. Die geistige Hingabe bewirkte, daß die Templer die drei größten Religionsrichtungen zu vereinen suchten: die christliche, die jüdische und die moslemische.
Doch wie alle, die ihrer Zeit voraus sind, wurden die Templer von der Kirche mit Skepsis betrachtet. Am Freitag, dem 13. Oktober 1307, veranlaßten der Vatikan und die Herrscher der wichtigsten europäischen Staaten, daß die Großmeister des Ordens verhaftet wurden. Sie wurden der Ketzerei angeklagt, und nach vielen Folterungen wurde die Ritterschaft verboten. Die Besitztümer und Schätze der Templer wurden beschlagnahmt. Der letzte Großmeister des Ordens, Jacques de Molay, wurde im Zentrum von Paris mit einem Leidensgenossen verbrannt.
Spanien nahm die verfolgten Ritter auf, um sich ihre Unterstützung im Kampf gegen die Mauren zu sichern.
Dies alles ging mir durch den Sinn, als ich Punkt sieben Uhr abends durch das Hauptportal des Templerschlosses in Ponferrada eintrat.
Niemand empfing mich. Ich wartete eine halbe Stunde und befürchtete schon, daß ich mich geirrt und das Ritual schon um sieben Uhr morgens stattgefunden hatte. Doch als ich gerade aufbrechen wollte, trafen zwei junge Mädchen ein. Sie hatten die holländische Fahne und Muscheln auf ihre Kleidung genäht. Sie gingen auf mich zu, wir wechselten einige Worte und stellten fest, daß wir aus dem gleichen Grund hier waren.

Jede Viertelstunde gesellte sich jemand zu uns – ein Australier, fünf Spanier und noch ein Holländer. Wir sprachen kaum miteinander und setzten uns in den Vorhof des Schlosses.
Wir warteten lange, und um die Zeit totzuschlagen, unterhielten wir uns nun doch über die Gründe, die uns hierhergeführt hatten. So erfuhr ich, daß der Jakobsweg von verschiedenen Orden benutzt wurde, die mit der Tradition in Verbindung standen. Alle Anwesenden hatten verschiedene Prüfungen bestanden und Einweihungen erhalten, die ich bereits vor langer Zeit in Brasilien kennengelernt hatte. Nur der Australier und ich waren Anwärter auf den höchsten Grad des Ersten Weges. Auch ohne ins Detail zu gehen, merkte ich, daß der Weg des Australiers nichts mit den RAM-Lektionen gemein hatte.
Gegen dreiviertel neun ertönte ein Gong aus der alten Kapelle des Schlosses, und wir gingen gemeinsam in das Gotteshaus.
Die Kapelle – oder vielmehr das, was von ihr übrig war, denn der größte Teil lag in Trümmern – war mit brennenden Fackeln beleuchtet. An dem Ort, an dem einst der Altar gestanden hatte, standen sieben Gestalten in der Tracht der Tempelritter, mit Helmen aus Stahl, Kettenpanzern, Schwertern und Schilden.
Selbst bei dem schwachen Schein der Fackeln konnte ich Petrus als einen der Ritter erkennen.
– »Nähert euch euren Meistern«, befahl der Älteste.
– »Schaut ihm in die Augen. Dann legt eure Kleidung ab und zieht das empfangene Gewand über.«
Ich ging zu Petrus und sah ihm tief in die Augen. Er war in Trance und schien mich nicht zu erkennen. Ich zog mich ganz aus, und er reichte mir eine schwarze, wohlriechende Tunika, die locker über meinen Körper fiel.
Der Großmeister führte uns in die Mitte der Kapelle, und zwei Ritter zeichneten Schutzkreise um jeden einzelnen

von uns. Ich bemerkte, daß vier von uns mit weißen Tuniken bekleidet waren, was absolute Keuschheit bedeutete. Der Priester zog über seinen Kettenpanzer den weißen Umhang mit dem roten Tempelkreuz in der Mitte. Die anderen Ritter folgten seinem Beispiel.

Um Punkt neun Uhr, der Merkurstunde, stand ich in einem Kreis der Tradition. Und die Ritter begannen mit der großen Anrufung des mächtigen Königs N. Ich hatte früher schon unzähligen ähnlichen Zeremonien beigewohnt, doch das Schloß schien meine Phantasie anzuregen, denn ich sah in der linken Ecke der Kapelle einen leuchtenden Vogel schweben.

Mit geweihter Tinte schrieb der Priester die 72 Namen auf den Boden, mit denen Gott in der Tradition bezeichnet wird. Wir alle – Pilger und Ritter – begannen die heiligen Namen laut aufzuzählen. Dann kam der Moment des Tanzens.

Niemand durfte aus seinem Schutzkreis treten. Ich prägte mir die Größe des Kreises ein und tat genau das, was Petrus mich gelehrt hatte.

Ich dachte an meine Kindheit. Eine ferne weibliche Stimme in mir begann ein Wiegenlied zu singen. Ich kniete nieder, machte mich ganz klein und fühlte, daß meine Brust – nur die Brust – zu tanzen begann. Langsam veränderte sich die Melodie in mir, die Bewegungen wurden heftiger, und ich verfiel in Ekstase. Alles wurde dunkel, und mein Körper widerstand der Schwerkraft. Ich spazierte durch die blühenden Wiesen von Aghata, und traf meinen Großvater und einen Onkel, die meine Kindheit stark geprägt hatten.

Plötzlich sah ich den Australier in großer Geschwindigkeit vorüberziehen: ein rotes Licht umgab seinen Körper. Die nächste Erscheinung war ein Kelch und ein Hostienteller, die mir wohl etwas sagen sollten. Aber ich konnte die Symbole nicht deuten, obwohl die Botschaft sicher mit

meinem Schwert in Zusammenhang stand. Ich glaubte, das Antlitz von RAM zu sehen, doch als es sich näherte, war es das Gesicht von N., dem angerufenen Schutzgeist, der bereits ein alter Bekannter von mir war. Wir stellten keine Kommunikationsverbindung her, und sein Gesicht löste sich in der Dunkelheit auf.
Ich weiß nicht, wie lange wir getanzt hatten. Doch plötzlich ertönte eine Stimme:
– *»Jaweh Tetragrammaton...«*, doch ich wollte noch gar nicht aus der Trance erwachen.
Der Priester wiederholte: – *»Jaweh Tetragrammaton.«*
Widerstrebend kehrte ich in die Realität zurück. Wir Pilger tauschten Blicke aus. Ich hatte große Lust, dem Australier zu sagen, daß ich ihn gesehen hatte. Doch sein Blick verriet mir, daß auch er mich gesehen hatte.
Die Ritter stellten sich im Kreis um uns auf und schlugen mit den Schwertern donnernd gegen die Schilde.
Wir knieten uns nieder und senkten die Köpfe. Einer der Ritter betete mit uns gemeinsam sieben Vaterunser und sieben Ave-Maria. Nun begann ein christliches Ritual.
– »Andrew, erhebe dich und komm zu mir«, sagte der Hohepriester. Der Australier ging nach vorn, wo die Ritter Aufstellung genommen hatten.
Sein Führer fragte: – »Bruder, suchst du die Gemeinschaft des Hauses, und kennst du die Strenge und die barmherzigen Anordnungen, die in ihm herrschen?«
– »Ja«, antwortete der Australier. Und ich verstand, daß es sich um die Einweihung zum Templerorden handelte.
– »Ich bin bereit, alles im Namen Gottes zu ertragen, und ich möchte Diener des Hauses sein, für den Rest meiner Tage.«
Dann folgten noch viele weitere rituelle Fragen. Der Australier blieb standhaft. Zum Schluß näherte sich sein Meister feierlich und überreichte ihm das Schwert.
Eine Glocke läutete, und der Klang hallte von den Wän-

den des alten Schlosses wider. Als wir unsere Köpfe hoben, waren wir nur noch zehn, denn der Australier war mit den Rittern zum rituellen Festmahl gegangen.
Wir zogen uns um und verabschiedeten uns ohne große Formalitäten. Der Tanz mußte sehr lange gedauert haben, denn die Morgendämmerung war schon angebrochen. Unendliche Einsamkeit erfüllte meine Seele.
Ich beneidete den Australier, der sein Schwert erhalten und sein Ziel erreicht hatte. Ich war nun ganz auf mich gestellt, ohne den Standort oder das Geheimnis meines Schwertes zu kennen.
Als ich das Schloß verließ, läutete die Glocke noch immer. Sie gehörte zu einer Kirche und rief die Gläubigen zur Frühmesse. Die Stadt erwachte zum Leben, ohne zu ahnen, daß sich heute nacht ein uralter Ritus in den Mauern des Castillo abgespielt hatte.

Die Tanz-Übung

Entspanne dich und schließe die Augen.
Denk an die ersten Lieder deiner Kindheit. Singe sie im Geiste. Erlaube, daß ein Körperteil, aber nur ein Teil, die Melodie zu tanzen beginnt, die du gerade singst.
Beende dein Lied nach etwa fünf Minuten und lausche auf die Geräusche, die dich umgeben. Mit diesen Geräuschen komponierst du eine Melodie und tanzt dazu mit dem ganzen Körper. Vermeide, an etwas zu denken, aber versuche dich an die Erscheinungen zu erinnern, die spontan auftreten.
Der Tanz ist eines der besten Kommunikationsmittel mit der unendlichen Weisheit.

Der Cebreiro-Berg

– »Bist du ein Pilger?« fragte ein kleines Mädchen.
Ich antwortete nicht. Die Kleine mußte etwa acht Jahre alt sein und war ärmlich gekleidet. Sie kam zu dem Brunnen, an dem ich mich niedergelassen hatte.
Meine einzige Sorge war, so schnell wie möglich nach Santiago zu gelangen und dieses verrückte Abenteuer zu beenden. Ich konnte weder die traurige Stimme von Petrus auf dem Bahnsteig vergessen noch seinen fernen Blick während des Rituals. Es war, als ob all seine Bemühungen um mich umsonst gewesen wären. Er wäre sicher erfreut gewesen, wenn man mich wie den Australier nach vorn gerufen hätte. Mein Schwert konnte sehr wohl in dem Schloß versteckt sein, denn dieser altertümliche Ort paßte genau zu den Erkenntnissen, die ich gewonnen hatte: Nur einige Pilger, die die Reliquien des Templerordens respektierten, hätten es gesehen, und zudem war das Schloß ein geweihter Ort. Wahrscheinlich fühlte sich Petrus vor den anderen gedemütigt, weil er es nicht erreicht hatte, mich zu meinem Schwert zu bringen.
– »Wenn du ein Pilger bist, kann ich dich zur ›Pforte der Vergebung‹ führen«, sagte die Kleine.
– »Wer diese Pforte überschreitet, braucht nicht bis nach Santiago zu gehen.«
Ich reichte ihr ein paar Pesetas, damit sie mich in Ruhe ließ, aber sie fing an, mit dem Brunnenwasser zu spielen und mich zu bespritzen.
– »So komm doch«, drängte das Mädchen.
Noch durfte ich die Hoffnung nicht aufgeben, mein Schwert zu finden und sein Geheimnis zu entdecken. Und

vielleicht wollte mir das Mädchen etwas sagen, was ich nicht verstand. Wenn die ›Pforte der Vergebung‹, die sich in einer Kirche befand, den gleichen geistigen Wert hatte, wie zur Kathedrale in Compostela zu gelangen, warum sollte das Schwert dann nicht dort versteckt sein?
Ich sah zu dem Berg hinüber, den ich gerade herabgekommen war. Ich bin an der ›Pforte der Vergebung‹ vorbeigegangen, ohne sie mir anzusehen, von dem einzigen Wunsch beseelt, so schnell wie möglich nach Santiago zu gelangen. Doch das Mädchen könnte ein Zeichen sein, zumal es nicht fortgegangen war, nachdem ich ihr Geld gegeben hatte. Vielleicht hatten meine Eile und mein Mißmut dazu geführt, daß ich an meinem Ziel vorbeigegangen war. Petrus meinte zwar immer, ich sei zu phantasievoll, aber er konnte sich irren.
Während mich die Kleine begleitete, rief ich mir die Geschichte dieser Pforte ins Gedächtnis zurück. Es war eine Art ›Notlösung‹, die die Kirche für die kranken Pilger eingerichtet hatte, zumal der Weg bis Compostela sehr hügelig und steil war.
Wir stiegen denselben steilen Pfad hinauf, den ich vorhin heruntergekommen war. Das Mädchen lief wie ein Blitz voraus, und ich mußte es mehrmals bitten, langsamer zu gehen. Nach einer halben Stunde waren wir endlich angekommen.
– »Ich habe den Schlüssel für die Pforte«, sagte das Kind stolz. – »Ich werde sie von innen aufschließen.«
Die Kleine verschwand durch den Haupteingang, und ich wartete draußen. Es war eine kleine Kapelle, die Pforte befand sich an der Nordseite, und die Schwelle war mit Muscheln verziert. Das Tor öffnete sich, und das Mädchen winkte mich hinein. Mit dem Herzen voll Hoffnung überquerte ich die Schwelle. Meine Augen überflogen die beinahe leere Kirche auf der Suche nach dem einzigen, was mich interessierte.

In kürzester Zeit mußte ich erkennen, daß ich die Strecke umsonst zurückgelegt hatte. Ich wollte dem Mädchen noch ein paar Pesetas geben, aber das Kind nahm sie nicht an. Halb beleidigt schickte sie mich fort.
Als ich das zweite Mal durch Villafranca kam, sprach mich ein Mann an, der sich mit dem Namen Angel, auf deutsch ›Engel‹ vorstellte und sich erbot, mir die Kirche S. José Operario zu zeigen. Der Zauber seines Namens beeindruckte mich wenig. Ich hatte gerade eine Enttäuschung hinter mir und mußte zugeben, daß Petrus ein guter Menschenkenner war. Ich hatte wirklich die Tendenz, zu phantasieren, und dabei die großen Lektionen zu übersehen. Um mir das nochmals zu bestätigen, ging ich mit. Die Kirche war geschlossen, und Angel hatte keinen Schlüssel. Er zeigte mir die Statue des heiligen Joseph mit dem Tischlerwerkzeug in der Hand, die über dem Eingang angebracht war. Ich bedankte mich und wollte ihm ein paar Pesetas geben, doch er wies das Geld gekränkt zurück.
– »Wir sind stolz auf unsere Stadt und tun das nicht des Geldes wegen«, erklärte er und ließ mich stehen.
Während ich durch die hügelige Landschaft weiterzog, gingen mir das Mädchen und Angel nicht mehr aus dem Sinn. Während ich meine Augen nur auf meine Belohnung gerichtet hielt, schenkten sie mir das Beste von sich – die Liebe für ihre Stadt –, ohne eine Gegenleistung zu erwarten. Ich war dankbar, ihnen begegnet zu sein, denn nun konnte ich meine Sorgen endlich loslassen und den Weg bewußt aufnehmen.
In dieser Nacht kam ich in ein kleines Dorf und übernachtete bei einer älteren Witwe, die kaum etwas für das Bett und die Verpflegung verlangte. Wir unterhielten uns ein wenig, und sie erzählte mir von ihrem Glauben an den Heiland und von ihren Sorgen um die Olivenernte in diesem trockenen Jahr. Ich trank den Wein, aß die Suppe und

ging zeitig zu Bett. Vor dem Einschlafen betete ich und machte einige Übungen, die Petrus mir beigebracht hatte.
Ich erwachte früh und brach rasch auf. Nach meinen Berechnungen müßte ich gegen Abend in Compostela eintreffen. Es ging ständig bergauf, und ich mußte mich anstrengen, das Tempo einzuhalten, das ich mir auferlegt hatte. Bei jedem Bergrücken hoffte ich, mein Ziel zu sehen, doch immer ragten noch höhere Berge vor mir auf.
Ich überlegte, was es für mein Leben bedeutete, wenn ich das Schwert nicht fand. Immerhin hatte ich doch die Lektionen von RAM gelernt, ich habe meinen Boten kennengelernt, die Dämonen in einem Hund besiegt und meinem Tod in die Augen gesehen, rief ich mir ins Gedächtnis zurück, um mich von der Wichtigkeit dieser Wallfahrt zu überzeugen. Das Schwert war nur eine Folgeerscheinung. Natürlich hätte ich es gern gefunden, aber noch wichtiger schien mir, herauszufinden, was ich mit ihm anstellen wollte. Denn irgendeine praktische Anwendung mußte es doch dafür geben.
Plötzlich hielt ich inne. Ein Gedankenblitz durchzuckte mich, und eine Welle der allumfassenden Liebe durchströmte mein ganzes Wesen. Ich wünschte, Petrus wäre bei mir gewesen, damit ich ihm sagen könnte, was er immer von mir hören wollte und was die Krönung all der Lehren auf dem Weg der großen Sehnsucht ist: das Geheimnis meines Schwertes.
Dieses Geheimnis umgibt jede Eroberung, die wir machen, und es ist das einfachste dieser Welt: wir müssen wissen, was wir damit machen wollen.
Darüber hatte ich noch nie nachgedacht. Während der Wanderung auf dem Jakobsweg wollte ich immer nur wissen, wo das Schwert versteckt lag. Ich fragte mich nicht, warum ich es finden wollte und wozu ich es benö-

tigte. Meine ganze Energie konzentrierte sich auf die Belohnung, ohne zu begreifen, daß man den Zweck kennen mußte, wenn man sich etwas wünschte.
Petrus hätte sich gefreut, daß ich es herausgefunden hatte, aber ich war mir ganz sicher, daß wir uns nie mehr begegnen würden. So entnahm ich eine Seite aus meinem Notizbuch und schrieb darauf, was ich mit meinem Schwert machen wollte. Dann faltete ich das Blatt Papier sorgfältig zusammen und legte es unter einen Stein – der mich an seinen Namen und seine Freundschaft erinnerte. Die Zeit würde die Botschaft zerstören, aber symbolisch hatte ich sie Petrus übermittelt.
Ich stieg weiter bergan, und die Liebe erfüllte mich und verzauberte die Landschaft. Jetzt, da ich das Geheimnis kannte, würde ich auch finden, was ich suchte. Eine Zuversicht, eine absolute Gewißheit erfüllte mein ganzes Sein.
Ich begann, mich mit allen Dingen zu unterhalten, die mir begegneten: mit Baumstämmen, Wasserpfützen und Kletterpflanzen. Es war eine Übung der einfachen Menschen, die die Kinder durchführten und die Erwachsenen vergaßen. Aber es kam eine geheimnisvolle Antwort zurück, als ob sie verstanden, was ich sagte und mir dafür ihre Zuneigung entgegenbrachten. Ich verfiel in Trance und war bereit, dieses Spiel fortzusetzen, bis ich müde wurde.
Die Mittagszeit war gekommen, aber ich hielt nicht zum Essen an. Als ich die kleinen Dörfer am Weg durchquerte, redete ich leiser, lachte vor mich hin, und wenn mich jemand beobachtet haben sollte, so muß er geglaubt haben, daß die Pilger von heute auf dem Weg zur Kathedrale von Santiago den Verstand verloren. Aber das war unwichtig, denn ich feierte das Leben, und ich wußte nun, was ich mit dem Schwert machen wollte.
Den ganzen Nachmittag ging ich wie in Trance. Ich

kannte mein Ziel und fühlte das vielfältige Leben, das mich umgab und das mir Agape entgegenbrachte. Am Himmel bildeten sich zum ersten Mal dunkle Regenwolken, und ich hoffte, daß es bald regnete – denn nach so einer langen Trockenzeit war der Regen eine neue aufregende Erfahrung.
Gegen drei Uhr nachmittags erreichte ich ein Dorf, und ich sah auf der Landkarte, daß nur noch ein Berg vor mir lag. Ich beschloß, ihn zu bewältigen, um in Tricastela zu übernachten, wo einst König Alfonso IX. eine große Stadt erbauen wollte, die jedoch nach Jahrhunderten noch immer nicht über eine Dorfgemeinde hinausgewachsen war.
Noch immer singend begann ich den Aufstieg des Cebreiro-Berges.
Die Wolken kamen immer näher, und in Kürze würde ich in den Nebel hineinkommen. Um nach Tricastela zu gelangen, mußte ich mich an die gelben Markierungen halten. Wenn ich mich verirrte, mußte ich im Freien übernachten, was mir angesichts des zu erwartenden Regens nicht gerade verlockend erschien. Trotzdem zog es mich vorwärts. Etwas Merkwürdiges war geschehen: Bisher war ich den Jakobsweg selbst gegangen, und jetzt ›wurde ich gegangen‹. Ich folgte dem, was man allgemein als Intuition zu bezeichnen pflegt. Wegen der Liebe, die mich durchströmte, und der Erkenntnis vom Geheimnis meines Schwertes, ging ich entschlossen in die dichte Wolkendecke.
– »Irgendwann muß ich die Wolke durchschritten haben«, dachte ich und bemühte mich, die gelben Zeichen an Bäumen und Felsen zu finden. Seit einer Stunde konnte ich meine Umgebung nicht erkennen, und ich summte das italienische Lied, das Petrus auf dem Bahnhof gesungen hatte, um das Unbehagen zu vertreiben. Umgeben von Nebel, allein in dieser unwirklichen Land-

schaft, sah ich den Weg der großen Sehnsucht wie einen Film, in dem der Held etwas Unwahrscheinliches tut. Doch ich erlebte diese Situation im wirklichen Leben. Der Wald wurde immer stiller, und der Nebel begann sich etwas zu lichten.
Plötzlich glaubte ich, eine weibliche Stimme zu hören. Damit begann eine der größten Erfahrungen meines Lebens. Die Stimme kam aus meinem Inneren. Ich konnte sie sehr deutlich vernehmen, und sie bewirkte, daß meine Intuition angeregt wurde. Es war weder ich selbst noch mein Bote, sondern eine weibliche Stimme. Sie sagte mir nur, daß ich vorwärts gehen solle, was ich ohne Zögern befolgte. Der Nebel wurde immer dünner, und ganz plötzlich, wie durch einen Zauber, hatte er sich vollkommen aufgelöst. Vor mir, auf der Bergspitze, stand das Kreuz.
Ich blickte mich um und sah mich von einem Wolkenmeer umgeben, und ein anderes Wolkenmeer hing über meinem Kopf. Zwischen diesen Ozeanen lag der freie Gipfel des Cebreiro-Berges mit dem Kreuz. Ich empfand eine große Sehnsucht, zu beten. Ich beschloß, den Gipfel des Berges zu erklimmen, um meine Gebete unter dem Kreuz zu sprechen. Es waren vierzig Minuten Anstieg, die ich in innerer Einkehr zurücklegte. Ich wurde vom Jakobsweg geführt, und er würde mich auch zu meinem Schwert bringen.
Als ich oben ankam, saß ein Mann neben dem Kreuz und schrieb etwas. Im ersten Moment glaubte ich, es sei eine Vision, ein Gottesbote. Doch dann entdeckte ich die Muschel auf seinem Hemd. Der Pilger sah mich schweigend an und zog sich zurück – offenbar störte ihn meine Anwesenheit. Vielleicht hatte er das gleiche wie ich erwartet – einen Engel –, und wir hatten uns als Menschen erkannt. Trotz des Verlangens zu beten, kam kein Wort über meine Lippen. Ich stand vor dem Kreuz und betrachtete die Berge und die Wolken, die den Himmel und die Erde

bedeckten und nur die höchsten Berggipfel freigaben. Etwa hundert Meter unterhalb von mir lag ein Dorf mit einer kleinen Kirche. Jetzt wußte ich zumindest, wo ich übernachten konnte, falls der Weg es so vorsah. Denn obschon Petrus abgereist war, so war ich doch nicht ohne Führer – der Weg leitete mich.
Ein verirrtes Lamm kam den Berg herauf und stellte sich zwischen mich und das Kreuz. Es sah mich erschrocken an. Ich blickte zum dunklen Himmel empor, zu dem Kreuz und dem weißen Lamm zu seinen Füßen. Dann überkam mich plötzlich die Müdigkeit dieser ganzen langen Zeit der Prüfungen, der Kämpfe, der Lektionen und der Wanderungen. Schmerz stieg in mir auf, und ich wurde von Schluchzen geschüttelt, vor dem Lamm und dem Kreuz, das ich nicht aufzurichten brauchte, weil es einsam und hoheitsvoll vor mir stand und dem Wetter trotzte. Es zeigte das Schicksal, das der Mensch nicht seinem Gott, sondern sich selbst auferlegte. Die Lehren des Jakobswegs kamen mir ins Gedächtnis zurück, während ich vor dem einsamen Zeugen weinte.
– »Himmlischer Vater«, konnte ich endlich beten. – »Ich bin nicht an das Kreuz genagelt, noch kann ich dich dort sehen. Dieses Kreuz ist leer und soll es auch für immer bleiben, da die Zeit des Todes vorbei ist, und ein Gott in mir aufersteht. Dieses Kreuz ist ein Symbol der unendlichen Macht, die wir alle besitzen, die aber von den Menschen gekreuzigt und getötet wurde. Jetzt erwacht diese Macht zu neuem Leben, die Welt ist gerettet, und ich bin fähig, ihre Wunder zu vollbringen. Denn ich bin den Weg der einfachen Menschen gegangen und habe dabei dein Geheimnis entdeckt. Auch du gingst den Weg der einfachen Menschen. Du hast uns gezeigt, wozu wir fähig sein könnten, aber wir wollten deine Weisheit nicht annehmen. Du hast uns gezeigt, daß die Macht und der Sieg für alle erreichbar ist, doch diese plötzliche Vision unserer

Möglichkeiten war zuviel für uns. Wir haben dich gekreuzigt, nicht weil wir undankbar sind, sondern weil wir zuviel Angst hatten, unsere Fähigkeiten anzuwenden. Mit der Zeit und mit der Überlieferung wurdest du wieder zu einer entrückten Gottheit, und wir kehrten zu unserem menschlichen Schicksal zurück.
Es ist kein Verbrechen, glücklich zu sein. Ein halbes Dutzend Übungen und ein offenes Ohr genügen, damit ein Mensch seine utopischsten Träume verwirklichen kann. Wegen meines Stolzes mußte ich den Weg beschreiten, den jeder gehen kann, um zu entdecken, was jeder weiß, der aufmerksam durchs Leben geht. Herr, du hast mir gezeigt, daß jeder sein eigenes Glück empfindet. Bevor ich mein Schwert finde, mußte ich sein Geheimnis entdecken – ich mußte herausfinden, wie ich mit ihm und dem Glück, das es mir bedeutet, umzugehen habe.
Ich bin so viele Kilometer gewandert, um zu entdecken, was ich bereits wußte, was wir alle wissen, aber was so schwer anzunehmen ist. Gibt es etwas Schwereres, als zu entdecken, daß man die Macht erreichen kann? Nur wenige nehmen die Last des Sieges auf sich. Die meisten geben ihre Träume auf, wenn sie sich erfüllen lassen. Sie weigern sich, den guten Kampf auf sich zu nehmen, weil sie nicht wissen, was sie mit dem Glück anfangen sollen. So wie ich mein Schwert finden wollte, ohne zu wissen, was ich damit machen sollte.«
Ein schlummernder Gott erwachte in mir, und der Schmerz nahm zu. Ich fühlte die Gegenwart meines Meisters, und ich weinte aus Dankbarkeit, weil er mich auf diesen Weg der großen Sehnsucht geschickt hatte, um mein Schwert zu finden. Und ich weinte aus Dankbarkeit, weil Petrus mich ohne Worte gelehrt hatte, daß sich meine Träume erfüllen, wenn ich zuvor herausfinde, was ich will. Ich sah das leere Kreuz und das Lamm zu seinen Füßen.

Das Lamm erhob sich, und ich folgte ihm. Ich wußte, wohin es mich bringen würde, und trotz der Wolken war die Welt durchsichtig für mich geworden. Das Lamm ging in das Dorf, das Cebreiro hieß wie der Berg. Während wir bergab gingen, dachte ich an die Geschichte dieses Ortes. Ein Bauer eines nahe gelegenen Dorfes kam auf den Cebreiro-Berg, auf dem an einem sehr stürmischen Tag eine Messe gelesen wurde. Diese Messe wurde von einem Mönch abgehalten, der ohne Glauben war und innerlich das Opfer des Bauern verachtete. Doch im Augenblick der heiligen Kommunion verwandelte sich die Hostie in das Fleisch Christi und der Wein in sein Blut. Diese Reliquien werden noch heute in der kleinen Kirche verwahrt – ein größerer Schatz als der gesamte Reichtum des Vatikans.
Das Lamm blieb am Eingang des Dorfes stehen – es gab nur diese eine Straße, und sie führte direkt zur Kirche. In diesem Moment ergriff mich eine unerklärliche Panik, und ich wiederholte ohne Unterlaß: – »Herr, ich bin nicht würdig, dein Haus zu betreten.« Aber das Lamm sah mich an und sprach über seine Augen mit mir. Es sagte, daß ich für immer meine Unwürdigkeit vergessen müsse, weil die Macht in mir wiedergeboren würde, so wie sie in jedem wiedergeboren werden kann, der sein Leben in einen guten Kampf verwandelt. Es wird der Tag kommen – sagten die Augen des Lammes –, an dem der Mensch wieder stolz auf sich sein kann, und dann wird die ganze Natur das Erwachen des göttlichen Geistes lobpreisen.
Für einen Moment wurde es dunkel um mich, und ich sah Szenen, wie ich sie in der Apokalypse gelesen hatte: Ich sah Kämpfe, Hungersnöte und Katastrophen, die die Erde in den nächsten Jahren erschüttern würden. Aber alles endete mit dem Sieg des Lammes, und mit dem Erwachen des Gottesbewußtseins und seiner Macht in jedem Menschen auf Erden.
Dann folgte ich dem Lamm bis zur Kapelle. Sie war er-

leuchtet, als ich an ihre Tür kam. Ja, ich war würdig, einzutreten, weil ich ein Schwert hatte und wußte, was ich mit ihm machen wollte. In dem kleinen Gebäude gab es kein Kreuz. Auf dem Altar befanden sich die Reliquien des Wunders: der Kelch und der Hostienteller, die mir während des Tanzes erschienen waren, und ein Reliquienschrein aus Silber, mit dem Fleisch und Blut des Heilands. Ich konnte wieder an Wunder und an das Unmögliche glauben, das der Mensch in seinem alltäglichen Leben erreichen kann.

Das Lamm ging durch eine Bankreihe und ich sah nach vorn. Vor dem Altar stand lächelnd – und wohl auch ein bißchen erleichtert – mein Meister. Mit meinem Schwert in der Hand.

Ich blieb stehen, und er näherte sich und ging an mir vorbei nach draußen. Ich folgte ihm. Vor der Kirche zog er mein Schwert aus der Scheide und bat mich, den Griff gemeinsam mit ihm zu halten. Dann hielt er die Klinge nach oben und zitierte einen heiligen Psalm.

»Laß tausend zu deiner Linken fallen,
und zehntausend zu deiner rechten Seite,
du wirst nicht getroffen.
Kein Übel wird dir widerfahren,
kein Fluch wird dein Haus heimsuchen,
denn deine Engel werden dafür sorgen,
daß du auf all deinen Wegen beschützt bist.«

Dann kniete ich nieder, und er berührte mit dem Schwert meine Schultern und segnete mich. In diesem Augenblick begann es zu regnen. Der Regen machte die Erde fruchtbar, und das Wasser würde erst wieder zum Himmel aufsteigen, nachdem es Samen zum Keimen, Bäume zum Wachsen und Blumen zum Blühen gebracht hatte. Es regnete immer stärker, und ich stand mit erhobenem Haupt und genoß erstmals auf dem Weg der großen Sehnsucht das Wasser, das vom Himmel fiel. Ich erinnerte mich an die wüstenähnlichen Ebenen, an die Steine von León, an die Kornfelder von Navarra, an die Dürre von Castilla, an die Weinberge von Riojas, die heute das Wasser tranken, das vom Himmel strömte.

Ich erinnerte mich, daß ich ein Kreuz aufgerichtet hatte, das durch das Unwetter wieder umfallen würde, damit ein anderer Pilger das ›Befehlen und Gehorchen‹ lernen konnte. Ich dachte an den Wasserfall, der mit dem Regenwasser noch kraftvoller sein würde, und an Foncebadon, wo ich so viel Macht in die Erde geleitet hatte, um diese wieder fruchtbar werden zu lassen. Ich dachte an die unzähligen Quellen, aus denen ich getrunken hatte und die nun ihr Wasser zurückbekamen. Ich war meines Schwertes würdig und wußte, was ich damit machen würde.

Der Meister überreichte mir das Schwert, und ich hielt es fest. Ich suchte nach dem Lamm, aber es war verschwunden. Doch das war nicht wichtig: Das lebendige Wasser strömte vom Himmel und ließ mein Schwert glänzen.

Epilog
Santiago de Compostela

Von meinem Hotelzimmer aus kann ich die Kathedrale von Santiago und die Touristen vor ihrem Haupteingang sehen. Es ist noch früh am Morgen, und außer einigen Notizen sind das die ersten Zeilen, die ich über den Jakobsweg schreibe.
Ich kam gestern nacht an, nachdem ich einen Bus genommen hatte, der regelmäßig zwischen Pedrafita – in der Nähe von Cebreiro – und Santiago de Compostela verkehrt. Innerhalb von vier Stunden legten wir die einhundertfünfzig Kilometer zurück, die die beiden Städte trennen. Ich mußte an die Wanderschaft mit Petrus denken, bei der wir für eine solche Entfernung manchmal zwei Wochen gebraucht hatten. Nachher lege ich das Bildnis der heiligen Aparecida auf die Grabstätte des Apostels, und dann werde ich so schnell wie möglich nach Brasilien zurückkehren, denn ich habe viel zu tun. Petrus sagte, daß er seine ganze Erfahrung in einem Bild festgehalten hatte, mir kam es in den Sinn, ein Buch über meine Erlebnisse zu schreiben. Doch vorläufig ist das noch eine vage Idee, denn ich habe viel vor – jetzt, nachdem ich mein Schwert erobert hatte.
Das Geheimnis meines Schwertes wird mein eigenes Geheimnis bleiben, das ich niemals verraten werde. Es wurde geschrieben und unter einem Stein deponiert, doch der Regen wird das Papier bereits aufgelöst haben. Und das ist gut so. Petrus brauchte das Geheimnis nicht zu wissen.

Ich fragte meinen Meister, wie er den Tag meiner Ankunft erraten habe oder ob er schon lange gewartet hätte. Er lachte nur und sagte, daß er am Vortag gekommen sei und am folgenden Tag wieder abgereist wäre, auch wenn ich nicht erschienen wäre.
Beim Abschied sagte er noch, daß ich eine große Offenbarung erfahren hätte, als ich dem Lamm in die Augen sah. Wenn ich mich weiterhin so bemühen würde wie bisher, könnte ich eines Tages vielleicht begreifen, daß die Menschen immer zur rechten Zeit am rechten Ort sind.

Ende